子どもの心とことばを育む

読書活動実践事例集

「図書館の中の学校」づくりをめざして

笹倉　剛　監修　鵜川美由紀　編著

北大路書房

巻頭言

読書を中心にした新たな学校へのビジョン

秋田喜代美（東京大学大学院教育学研究科）

自らの経験に光を与え、他人の経験からくる新しい光、世界の叡智の集積からくる新しい光を子どもに投げかける場所、また新たな意味を見いだし、自由な価値を与える場所としての学校図書館。学校の中心に図書室を、と『学校と社会』という著作において主張したのは、子どもの学びを中心に据えた進歩主義教育の思想を唱えたジョン・デューイ（１９５７）でした。

それから約50年、日本の子どもたちの読書経験はどのような歩みをたどってきたのでしょうか。子どもの活字離れが叫ばれ、ＰＩＳＡなどの国際学力テストでは読解力の結果が下がり、趣味で読書をすると答えた子どもの割合がもっとも低い国の一つとなり、ことばの力の衰退が叫ばれるようになりました。

「ことばの力や読解力はどのようにして培うことができるでしょうか」という質問を受けた時には近道はなく、経験としての読書によって内なる心のことばを育てることと、そのことばが表れた時に聴き合う関係が、教師や保護者、地域の人々といった大人と子ども、そして子どもたちどうしの間にできていることの必要性を常に語ってきました。さまざまなテキストやテキストが表す世界について語り合うことこそが、長い目でみて深いことばの力を蓄えた子どもたちを育てていくのに効果的であることは間違いありません。

本当の意味での「読書を中心にした学校」、本を介してさまざまな出会いの連鎖が生まれていく「図書館の中の学校」の姿の内実を、私はこの本を読むことを通して知ることができました。この本との出会いによって、私はこれからの読書への新たな希望に出会い、先生方が心砕いて挑戦された学校での読書活動に関わるさまざまな実践知を学ぶことができました。

心ある教師や学校司書、ボランティアの方によって、学校に読書をという動きは、大きなうねりとなり、本の絆による読書コミュニティの形成へと向かっています。しかしその多くは、学校全体のシステムの変容というよりも、一部の熱心な先生方の行為によって支えられてきているといわざるをえない実情です。一人ひとりの善意の取り組みでは、その人ががんばっている間は継続できても、持続可能なものとなっていくにはむずかしい部分があります。また朝の読書は定着しましたが、その次の一歩をどのような試みによって拡げ深めていくのか、量の拡大から読書の質を問う試みへの展開には展望がもてないという現実もあります。

これに対し、本書が紹介する石川県小松市立串小学校の読書活動の実践は、学校のシステム全体を読書を中核にして組織しているところに大きな特徴があります。これは鵜川美由紀前校長をはじめ、この学校でリードされてきた人々の見識ある行動によるところが大きいでしょう。気にかけ、目をかけ、手をかけて創出していった2年間といえるでしょう。それによって、この学校ではきめの細かな読書のカリキュラムが、小学校の6年間という時間を見据えた、子どもの発達に合わせたさまざまな活動となって織り込まれているのがわかります。また、「写真で見る串小学校」のそれぞれの写真によく現れているように、ただ本があるというだけではなく、本を中心にしてさまざまな経験や出会いが生まれるように、手をかけた数々の工夫がされた図書空間があることがわかります。そしてそれは、学校司書や先生方だけでつくった空間ではなく、子どもたち自身が関わり、自分たちの居場所としていったことが、ぬくもりを意識した空間の中に感じられます。そして、学校図書館だけではなく、教室をはじめ学校のあらゆる空間で本の経験が絶え間なくできるような工夫がなされています。本書はそのために、先生方が本について学び、語り合って工夫された、教師の学びの軌跡が詰まっています。また、学校全体で本や読書について語り合うことで、専門家としての見識が高められると同時に、学校としての共通のビジョンをもち、学び合っていくシステムとしての同僚性ができあがっていったことが読み取れます。

そしてそれによって、子どものことばや姿を通して、子どももまた動かされ、自ら動いていくことがわかります。自由読書についての教師の学びが子どもたちの自由読書の姿となって実現していくのです。さらにこの相互作用は学校の中だけにはとどまりません。

「日頃、学校のことを聞いても『わからん』とか『わすれた』とか言う子が、印象に残った絵本のことを家に帰ってから一生懸命に話し出し、驚き、うれしかった」という保護者の声にあるように、本と子どもの出会いは学校だけではなく、家庭にまで出会いと語りの連鎖をつくり出していきました。

本書は、学校におけるこれからの読書のビジョンとシステム、そしてそこで生まれる一つの実践の方向性を明確に示してくれています。この本を読まれた方は、それらの活動をそのまま移入し模倣しようと思うのではなく、また自分の学校ですでに実践しているかいないかという行動レベルでみるのでもなく、串小学校の先生方が笹倉先生の本を読んで学び合って実践されていったように、本書を相互に読んで語り合うことから始めていただければ、と思います。串小学校の実践は、即座にそのまままるごと実践できるものではありません。読書を大切に思う個人と個人のつながりから、自然に拡がっていき、読書による学校づくりの中心に位置していくだろうと感じています。

本によって子どもの心が豊かに満たされ、個々の居場所のある学校が一つでも多くデザインされていくことを強く願っています。21世紀の学校の新たな一つの姿がここにあると思うのは私だけではないでしょう。

はじめに

子どもたちが、それぞれの人生を、その子らしく豊かに歩むにはどのような力を身につけるのが望ましいでしょうか。そう問われれば枚挙にいとまはないのですが、昨今の子どもたちをめぐるさまざまな状況を見るにつけ、一つのキーワードとして、「ことば」の力ということが思い当たります。人類最大の知恵ともいわれる「ことば」の力の弱さや偏りと、そこから派生しているのではないかと思われるさまざまな事象を、子どもたちや若い人たちに感じるからです。

私が校長を務めました石川県小松市立串小学校では、自分の思いや考えを自分のことばで表現し、豊かなコミュニケーションができるような子どもの育成を、数年来めざしてきました。国語科を中心として、「話す・聞く・書く・読む」の基礎的基本的な力を育てると同時に、他教科や生活全体を、言語能力を育てる場と考えてきました。幸い、実践を積み重ねていくことによって、子どもたちのコミュニケーション能力は日を追って育ってきましたが、やがて、何を語るかというコミュニケーションの内容の豊かさを求めるようになっていきました。それは、内容豊かなコミュニケーションから心のつながりが生まれ、お互いに認め合い、高まり合うことができるようになると考えられるからです。

折りしも、日本語の大切さを説く書物の出版が相次ぎ、それらの書では名文を声に出して読む意義がうたわれていました。学校での国語力育成という視点から考え、あらためて読書の必要性を感じました。また、学びはことばを中心として行なわれます。ことばの力が学力に大きく影響することは否めません。「国語力」向上から「確かな学力」と「豊かな心」を育てたい、その国語力の中に読書力も含めて考えよう、これが本校のここ2～3年の目標であり願いでした。

国語科の「読むこと」の単元では、図書の活用や読書との関連を図った単元構成を考えました。他教科や総合的な学習の時間では、図書や資料の活用の仕方を学びました。自由読書の推進では、全校一斉の「読書の時間」や「チャレンジタイム（毎日15分間の帯タイム）」を中心として、いくつかの計画的な取り組みを行ないました。中でも、「読書交流」の活動は、これまで培ってきたコミュニケーション能力を生かして本を語るという本校らしい読書活動として、実りあるものになっています。

もとより、「小学校学習指導要領　総則第5　指導計画の作成に当たって配慮すべき事項」の（9）には、次のような文言があります。

「学校図書館を計画的に利用しその機能の活用を図り、児童の主体的、意欲的な学習活動や読書活動を充実すること。」

本校が取り組んできたことは、この事項の具現化になります。

読書の意義や必要性、楽しさについては、多くの人が語り、述べています。生涯学習時代にあって、読書から得られるものは大きく、読書力は必要不可欠な力だと思います。読書はまた、人間形成にも大きな影響を及ぼします。その人のもっている語彙が豊かであるほど、感じ方や考え方は広く深くなっていきます。語彙力を充実していくうえで、読書はとても大きな効果をもたらしますが、感性がやわらかな子ども時代にこそ、その楽しさや習慣づけの基盤は培われるべきです。それゆえ、小学校ですべての子どもたちに系統的な読書のすすめがなされることの必要性を痛感します。学校でならそれが可能であると、次の著書にふれて、いっそうその思いを強くしました。

「本を読んでいる人間と、読んでいない人間とのコミュニケーション能力には歴然たる差があります。語彙がまったく違うんですね。本を読んでいない人の語彙は、話し言葉だけで習得したもの。しかし、本にしか出てこない語彙はその10倍以上あります。」

（『日本語力と英語力』齋藤孝・斎藤兆史、中央公論社、２００４）

「国際的に通用する人間になるには、まずは国語を徹底的に固めなければダメです。表現する手段よりも表現する内容を整える方がずっと重要なのです。英語はたどたどしくても、なまっていてもよい。内容がすべてなのです。そして内容を豊富にするには、きちんと国語を勉強すること、とりわけ本を読むことが不可欠なのです。」

（『国家の品格』藤原正彦、新潮社、２００５）

「読むという精神活動に含まれていて、映像メディアでは置きかえのきかないことは何かというと、それはまず書き言葉レベルの言葉を使う力であり、次に想像力であり、第三に全体を見渡して論理的に考える力だと思います。」

（『読む力は生きる力』脇明子、岩波書店、２００５）

創意工夫しながらいくつかの活動を継続することによって、子どもたちが変化しました。本を読み、紹介し合い、語り合いました。読書の量が増え、読む本の質が高まりました。読書に対する保護者の意識も変化し始めました。何より教師が変わりました。児童書を読み、読書の楽しさを感じ始めたのです。読み聞かせやブックトークの技術を学び、本を手渡す人になっていきました。それらのすべてを、取り組みのようすや実践例から汲み取っていただけましたら幸いです。さまざまな活動の中の、子どもたちの姿を感じとっていただきたいと願っています。

それぞれが、本書の出版に向けて原稿を書いている時期に、朗報が舞い込みました。第51回全国読書感想文コンクール（主催：全国学校図書館協議会・毎日新聞社）の「読書感想文推進大賞」の小学校の部に、本校が選ばれたのです。これは、各都道府県の地方審査会で、入賞作品に選ばれた児童生徒の在籍する学校で、読書および読書感想文への指導や読書活動の推進を全校的に展開している学校に贈られる賞です。学校全体での読書活動を評価されたことは、この2年間の学校ぐるみの取り組みを評価されたことであり、私たちにとって大きな励みと名誉になりました。

本校は、「ことばは心」を共通の理念としてきました。これからも「ことばを育てる学校」として、読書活動を大切にしていくことと思います。子どもたちが、さらに読書力を高め、それぞれの豊かな未来を切り拓いていってくれることを、切に念じています。

石川県小松市立串小学校前校長
鵜川美由紀

目　次

目　次

第3章 自由読書の実践例 学級担任が行なう読書活動

第1章

今、なぜ自由読書が大切なのか

子どもが好きな本を自由に読む読書、つまり自主的な自由読書が最近注目され始めている。自由読書とは、子どもが好きな本を手にとって読む読書のことである。時には、課題読書に対して自由読書という表現がされるときもある。自由読書は、学習の基礎としてのリテラシーを鍛えるという観点から支持されているが、それ以外にもことばでは言い尽くせないほど、素晴らしい感性や資質が身につくというよさがある。それができるのは、「すぐれた本」「質の高い本」である。

1. 子どもの本に秘められた力

子ども時代に学んだことは、石の上に刻まれる。年をとってから学ぶことは、氷の上に刻まれる。

このことばはジム・トレリース著『読み聞かせ　この素晴らしい世界』（高文研）の裏表紙に記されているデイビッド・カーディアンのメッセージである。子ども時代の読書の重要さがもっとも顕著に表されている。

同じように、『児童文学論』（岩波書店）の著者であるリリアン・スミスも、「子ども時代は短い。だからつまらない本に出会っている時間などないのである」と、子どもが素晴らしい本と出会うことの大切さを述べている。感性のみずみずしい子ども時代こそ、質の高い作品に出会ってほしいという願いが感じられる。

串小学校では、子どもたちと質の高い本をつなぐための研修を積み重ねることにより、教師の意識が高まっていった。このことは、2003年の国際学力調査（PISA）で、読書理解力が第1位になったフィンランドの教師が、「教師の仕事は、できるだけいい本を紹介することだ」（『フィンランドに学ぶ教育と学力』庄井良信・中嶋博著、明石書店、65頁）と述べているのと通じるところがある。子どもの本に秘められた力を見抜くことも、今後、教師の仕事として求められる重要な資質である。串小学校では、すべての教員が「子どもたちに出会わせる本は、質の高い、中身の充実した本」という共通理解のもと、読書指導が進められてきた。

(1)　本で感激・感動の体験を

私自身、子どもには栄養価の高い、気品にあふれた最高においしい食べ物（本）をオブラートでくるんで食べさせてあげたい、と常に思っている。その最高の食べ物とは、口に入れて一瞬のうちに感激が消え失せるといったものではなく、吸収することによって、生涯消えることのない感激・感動を味わえるものだと思っている。つまり、質の高い子どもの本は、心の糧となるような栄養価をたっぷり含んでいるのである。アニメ絵本や漫画などのように、子どもが簡単に興味を引かれる本の中には、どうでもよいような本が多い。そのような本は、やがて子どもが成長すると廃品回収に出される。一方、長年子どもたちに読み継がれてきた本は、二世代、三世代にわたって読まれることもある。

子ども時代に母親や先生から本を読んでもらい、また自分で本を読んで感動した体験が今でも鮮明に残っている人も多いのではないだろうか。私もそのような体験をした一人であるが、今でも母に縁側で読んでもらった時のことや、学校の先生に読んでもらった本やそのタイトルまでもしっかりと記憶に残っているから不思議である。40年以上経っても、その本の感激や感動が思い起こされるのはどうしてなのか。それはその本に秘められた力である。つまり作者が読者に送っている永遠のメッセージが本の中に生きており、それを読んだ私たちの、生活の中で、エネルギー源となって脈打つからだと確信している。その感激や感動は子ども時代であるからこそ、鮮烈な印象として刻まれるのである。本から幸せな体験をたくさん汲み取った子どもは、その喜びを生涯忘れることなく、たとえその記憶が鮮明でなかったとしても、見えないところで、かつて読んだ本が励まし勇気づけてくれることだろう。

(2) 子どもの感性を磨く

子どもたちに感性豊かに育ってほしいという願いは、すべての保護者や教師がいだいていることである。人間が人間として生きていくために必要なことはすべて本の中にある。つまり、子どもに教えたい、伝えたいことはすべて本の中にあるのである。このことを子どもたちに気づかせていく取り組みがわが国の学校教育に欠けている部分でもある。継続的な読み聞かせやブックトークなど、子どもと本をつなぐ方法はいろいろあるが、子どもの周囲に子どもの本に理解のある大人がいることが不可欠である。子どもと本をつなぐのは、やはり人なのである。

子どもたちに本好きになってほしいと思うなら、それぞれの読書活動の奥にある原点をしっかりと見据えておかなければならない。本を読むことの原点が「楽しみ」であるという認識が重要である。まず読書は楽しみから始まり、やがて「考える力」を身につけさせてくれるのである。

子どもたちが本を好きになれば、自然と心の扉を開くようになり、また新たな未知の世界へのページがめくられていく。なんと不思議な現象だろう。本を夢中になって読んでいる子どもの姿は、世界中でどのような出来事があっても、微動だにせず読み続けるのではないかとさえ思える。

昔、高校時代の英語の先生が読書について話されたことを今でもしっかりと記憶している。「子どもが本の中に顔をうずめて読んでいる姿は本当に美しい」――私も図書館によく出かけるが、閲覧室で無我の境地に入ったように凛と読書をしている子どもに出会うことがある。そこには張りつめた空気と静かな時間があり、まるで仏教徒が修行しているような雰囲気が周囲に漂っているようにも思える。

今、子どもたちの生活の中には、この静かな時間というものがなくなってきている。読書とは静かな行為であるが、頭の中では本の中の主人公になったり、ハラハラドキドキしたりしながら、至福の時間を過ごしているのである。このような自由読書の体験を重ねることにより、子どもたちの感性は磨かれているといってもよい。子どもたちが静かに本と向き合えるような読書環境の整備が、今もっとも重要である。

2. 自由読書と課題読書で培う読書力

課題読書は読む本が決められて読む読書であるが、自由読書はまったく読む本が読者にゆだねられる。ほとんどの子どもは、課題読書より自由読書のほうが好きである。食事のメニューを最初から決められているのと、自分で自由に決めることができるという場合に似ている。

特に、学校で実施されている「朝の読書」などは典型的な自由読書である。「朝の読書」では、自分で選んだ本だから楽しんで読める。楽しんで読めるから、感動も大きい。また、「朝の読書」のような自由読書は、好きな本を次から次へと読む多読型になるから、豊富な読書量に支えられ、読書力も培われる。

しかし最近、自由読書で気になることがある。それは、「朝の読書」の4箇条の中に、「どんな本でもよい」という項目があるが、私はそのように思っていないのである。前述したように子どもには質の高い本を薦めたい。子どもの周囲にいる大人は、そのような手だてを欠かしてはならない。子どもに読んでほしい本のリストを作成したり、公共図書館は「朝の読書」で読んでほしい本を団体貸出したりしながら創意工夫することが大切である。串小学校の実践では、自由読書のさまざまな方法が紹介されているが、どれもしっかりとしたねらいに裏づけされたものばかりである。各学校でどのように自由読書を展開していくのか、そのヒントを本書から汲み取っていただきたい。自由読書の実践に生かすことができる事例が数多く紹介されている。

一方、課題読書も大きな意味をもつことがある。料理のメニューを自分の好みで決めていると栄養が偏ってしまうことがあるように、時どき体に必要な栄養を摂取するために食べることも必要である。それが課題読書である。その年代にこそ出会ってほしい本がたくさんあり、その中から何冊かを選び、子どもが読めるような手だてをとることが大切である。串小学校では、各学年で課題読書を設定し、読書会などの実践がされている。自由読書と課題読書の両方をうまく取り入れ、すべての教育活動の中で積極的に取り組まれている。

3. 学びを豊かにする自由読書

「本を読む教師」が「本を読む子ども」を育てる。このことは、まさに本書で述べている串小学校の実践そのものである。串小学校では、国語力と読書力を高める指導の根底に、自由読書をベースとした取り組みがしっかりと位置づけられている。本校に一歩足を踏み込めば、そのことがすぐに理解できる。学校中に子どもたちの読書意欲を喚起するような環境が整備され、廊下や階段の踊り場、オープンスペースだけでなく、いたるところに子どもたちが本を手にとって読みたくなるような仕掛けが施されている。大人でも校内を散策すると本当に楽しくなってくるような、いわば学校中が知的興奮の場となっている。
串小学校の取り組みから、21世紀の新しい学校像の姿を見ることができる。その新しい学校像と自由読書がどのように関わり合っているのか。また、今、なぜ自由読書が注目され始めているのか。このような観点で、串小学校の実践から自由読書の真髄を味わっていただきたい。

(1) 読書が学びを変える

最近、子どもたちの学力低下が叫ばれ、どの学校でも基礎学力向上に向けた取り組みが進められている。学校自体が英知を絞り、子どもたちの学びを創意工夫することが求められている。学校とは「学ぶ喜びの場」であり、子どもたちの知的好奇心を刺激する場である。このようなことを考える時、子どもたちの学習の基礎基本となる「読む」という要素がとても大切になってくる。

串小学校の授業を参観すると、子どもたちの発表が豊かな読書力に裏づけられたものであることがすぐに理解できる。一人ひとりの子どもの発表力が充実していて、次から次へと内容が展開していく。授業の中では、読み聞かせやブックトークなども活用しながら、本と子どもを意図的・継続的に結びつけるという成果がしっかりと実を結んでいる。注目したいのは、授業で学習したことがその授業だけにとどまらず、授業後も関連図書などを学校から借りて帰り、読書する姿が日常的になっていることである。授業で学んだことが、さらに発展していくことは本当に素晴らしい。課外での読書は、子どもの主体的な活動であるから、学びが飛躍的に深まっていくのである。

(2) 読書力はすべての学習に必要

昔から、読み・書き・計算は学習の基礎的な3要素とされていたが、今でもこのことはとても重要である。まず、読むことができなければ、すべての学習を進めていくことができない。本も読めない子・読まない子が、学習の成果をあげることはきわめてむずかしいことは誰にでも理解できる。小学校低学年までは、さほど読書力の差は学力の差として現れてこないかもしれないが、小学校高学年くらいから、読書力の差がすべての教科学習に影響してくる。

読書力のある子どもは、読むことも早く、読書理解力もすぐれている。また、読んだことを要約し、まとめる力もすぐれている。つまり、学年が上がるにつれて学習水準が上がってくるので、それに対応できる読書力が必要になってくるのである。

一方、学年が上がるにつれて、学習についていけない児童生徒が多くなってくる。そのもっとも大きな要因は、読書力の欠如にあると考えられる。もちろん読書力以外の要素も必要になってくるが、少なくとも読書力を十分に鍛えた子どもは、ほとんどの教科で威力を発揮している。さらに、すぐれた読書力に支えられた子どもは、高等学校に入ってからその実力が出てくるのである。高校生になれば、学習の範囲は広がるし、学習量も増えるので、読書力のない生徒は読書力のある生徒の数倍も労力を費やさなくてはならない。自由読書で鍛えた読書力は、すべての学習で威力を発揮しているといってもよい。

小学校から徹底的に読書力を鍛える串小学校のような取り組みは、今後ますます注目されることだろう。

4. 読書は心を耕す

これまで、自由読書が学びを豊かにすることを述べてきた。しかし、自由読書にはもっと大切なことが含まれている。自由読書をすることによって、ものの見方や考え方が奥深くなる。たとえば、ファンタジーの世界に身を置くことで現実離れした世界を体験したり、ノンフィクションで人間の偉大さや畏敬の念を感じたり、詩の世界で作者のイメージする彷彿とした世界を夢見たり、感動的な小説で一人涙したりする体験は誰しも味わえることである。感動や感激した体験の数だけ人間は大きくなれるのではないだろうか。

今の子どもたちは、感激・感動体験が本当に少ない。人間関係も希薄になっているし、精神的にも幼稚化している現状がある。このような子どもたちにとって、本との出会いは大きな転機となる。本の世界での体験は疑似体験であるけれど、真に体験したような感じをいだくことができる。そしてこの体験は、いつのまにか自分の人格や品性の一部分となるのである。また、自分が悩み苦しんだ時、それまでに読んだ本の記憶がヒントになり、生きる知恵や解決の糸口になることもあるのである。感性のみずみずしい時に読んだ本は、心の財産である。

この意味で、6年間を串小学校で過ごせた子どもたちは本当に幸せである。以下、第2章で取り組みの意図、第3・4章ではその実践を紹介していきたいと思う。

第2章

串小学校の読書活動の取り組み

読書を楽しむ子を育てたい

1. 学校全体で取り組む

(1) コミュニケーション能力から国語力へ

①ことばの力とコミュニケーション能力

私(鵜川)が校長を務めた(2000年度~2005年度)石川県小松市立串小学校では、「ことばは心」の理念のもと、2001年度からことばの力を育てることに力を注いできた。ことばが、知的活動、感性、情緒、コミュニケーション能力などに果たす役割はとても大きいといえるが、児童の実態から、自己表現力を育てたいという思いからの出発であった。

折りしも、2002年度からの小学校学習指導要領では、国語科が「伝え合う力」の育成を目標とした時期である。自分の思いや考えを伝え、相手の思いや考えも受けとめる。さらに自分なりの思いや考えを構築して相手にわかりやすく伝えるという双方向の言語活動が「伝え合い」である。その中で心の交流が生まれ、好ましい人間関係が育つ。コミュニケーション能力は、これからの時代を生きる子どもたちにとって重要な「生きる力」の一面ととらえられる。

国語科を中心に、「話す・聞く・書く・読む」の力を育てることによって、豊かなコミュニケーション能力育成へとつないできた。

②国語力の向上

児童のコミュニケーション能力の育ちを確認する中で、情報活用能力も含めたことばの力が教科学習の土台であり、ひいては学力向上にも大きく関わることを確信した。

２００３年11月に出された「これからの時代に求められる国語力について」（文化審議会国語分科会報告案）の中で、個人にとっての国語とは、「知的活動の基盤」「感性・情緒等の基盤」「コミュニケーション能力の基盤」をなすとしている。つまり国語力は、育てたい知性、感性、コミュニケーション力そのものであるととらえられる。

国語力向上のために、国語科では基礎的・基本的な力を育成してきた。一方で、より豊かな日本語にふれ、多様な生き方を物語によって体験したり、さまざまな自然的社会的事象を知ったりすることを願って、読書することや読書を通した活動を推進してきた。

(2)　読書力を

①読解力低下の背景

子どもたちの学力低下が取りざたされる中、２００５年には日本の高校生の読書理解力（読解力）低下を示す経済協力開発機構の学習到達度評価も報告され、今「読解力」が注目を集めている。文章を読み解き、それについて自分はどう考えるか、それをどのようなことばで伝えるのかは、これからの時代を生きる子どもたちがぜひとも身につけなければならない力であろう。

しかし、子どもたちの現実はどうだろうか。過度のテレビ視聴時間、読書からの遊離、自分のことばをもたないゆえの短絡的な表現とそれに伴う行動、そしてインターネットなどの未熟な利用が引き起こす犯罪など、憂慮すべき事象が後を絶たない。1日2時間のテレビ視聴やゲームを1年間毎日続けると、学校での1年間の総授業数を超えるという現実の中、子どもたちが映像メディアから受ける影響は大きい。

②「読む力」は「生きる力」

児童文学者の脇明子は、著書『読む力は生きる力』（岩波書店）の中で、次のように述べている。

「人間がその人間性によって人間を育てるという基本的な仕組みを、失なってしまいつつあるのです。それでも私たちにやれることは何かというと、身近な子どもたちに手渡すものが、なるべくバランスのとれた知識や知恵であり、人間性を形作る全体的な枠組みとなるように、心を配ることではないでしょうか。もちろんそれはたやすい仕事ではありませんが、そこで大きな助けになるのが、本だと思うのです。（中略）子どもをよく知っている身近な大人が、自分がほんとうにいいと思う本を子どもに手渡し、楽しんで読めるように手を貸すこと――それが、生活文化を失った時代の私たちが、子どものためにしてあげられる、数少ないことのひとつなのではないでしょうか。」

このような意味においても、今、子どもたちを「読書を楽しむ子」にする意義はきわめて大きい。

③読書活動の重点課題

本校では、「すべての子どもに読書の楽しさを」という願いをもって読書活動を推進してきた。これにあたって重要視したのは次の3点である。
・全校で継続的に取り組む
・意図的・計画的に行なう
・読書環境を整える

どのような時間に、どのような方法で、どのような意図をもって行なうのか、また読書を通して、どのような子どもを育てたいのかなどの共通理解が、この活動を推進していくにあたって必要不可欠である。また、教育課程や学校生活への位置づけを明確にして、さまざまな読書活動を工夫し合う教師集団の育成も重要である。

(3)　読書活動の柱として

読書はさまざまな場面で行なわれているが、主として次の二つの読書活動の場を中心に進めてきた。

①国語科における図書利用や読書活動

〈ねらい〉

1．豊かなことばを育み、自分のことばで表現できる子を育てる
2．読む力を育て、自ら読み進め自ら学ぶ子を育てる

〈内　容〉

1．つけさせたい力を明確にした単元構成・授業構成の工夫

2．図書利用や読書活動との関連指導
・説明文教材の学習にあたって、内容に応じた図書資料を活用する
・文学教材の学習にあたって、教材に関連する多様な作品にふれ、読みを深めたり読書の楽しさを味わったりする

②日常的な読書活動

〈ねらい〉

1．読書習慣を身につけ、読書を楽しむ子を育てる
2．知的関心を高め、心豊かに成長する子を育てる
3．本を介して人と人との関わりを広げ、深める子を育てる

〈活　動〉

1．個々の読書を支える読書活動
2．より広く深く読み、読書力を育てる読書活動
3．本を介してコミュニケーションを楽しむ読書活動

これらの意図や具体的な活動については、次節の「読書活動を楽しむ子ら」で述べる。

(4)「ことばを育てる学校」として

本校では読書環境を整えることはもとより、学校生活全体でことばを育てる環境づくりを心がけた。

豊かなことばに出会ったり、子どもどうしが互いの文章にふれたりできる環境づくりや、よい話し方・聞き方・学び方を共有することによって言語感覚を養うことなどにも心がけた。

各学級では、百人一首・ことわざ・俳句・詩などさまざまなことばにふれる活動を継続的に行ない、豊かな言語文化に親しんできた。学習の中で、書かれたものやつくられた作品を掲示し、子どもたちが相互に鑑賞することにより、高まり合う姿もみられた。

全校集会や児童集会の場においては、各学年や学級で継続的に行なっていることばに関する活動を紹介する「串っ子のひびき」の時間を設け、詩や名文、百人一首の暗唱・群読などを披露し合った。

毎月初めの全校集会における校長の講話でも、意図的に、子どもたちがふだんふれないようなことばや事象や人物などを紹介した。それらの資料は「心のふれあいコーナー」に掲示し、関連の図書などと一緒に子どもたちの目にふれるよう配慮した。

「ことばは心」を理念とした国語力を育てるためには、教職員のことばが重要である。穏やかで丁寧なことばを使って子どもたちに話しかけることは、一人の大切な人間として接することになる。本校では数年来、「あたたかい丁寧なことばで心を込めて語ること」をとても大事にしてきた。

以下、本校でのこのような読書活動の記録を紹介していく。

2. 読書活動を楽しむ子どもたち

(1) 学びを深める読書

「国語科　読むこと単元の読書活動との関連年間計画」（巻末資料1）を作成し、単元構成の中に読書活動を位置づけた。教材によって活動内容はさまざまであるが、その結果、自然に読書の幅が広がり、学びが深まった。

たとえば物語教材では、以下の例がある。

1年生「ずうっと、ずっと、大すきだよ」――心に残った本をつたえよう
2年生「お手紙」――がまくん・かえるくんシリーズの好きな話を紹介しよう
6年生「やまなし」――宮沢賢治の他の作品を読んで、賢治の世界を味わおう

説明文教材では、以下の例がある。

2年生「サンゴの海の生きものたち」――海の生き物図鑑をつくろう
3年生「すがたをかえる大豆」――食べ物博士になろう
5年生「千年の釘にいどむ」――挑むような生き方をした人の本のブックトーク

単元に位置づいていることから、すべての児童が関連図書に親しみ、いろいろな図書を手に取るよ

うになった。

また、他教科の図書利用も計画的に行なった。「各教科等の図書利用年間計画」（巻末資料2）を作成し、有効に活用した。その際、これらのテーマ性のある読書については、その学習の時期に合わせて関連図書を箱に入れ、それぞれの学年の廊下や教室に持ち出した。（「あまんきみこの本」「宮沢賢治の本」「外国の民話」「食べ物の本」（国語科）、「チョウを育てよう」（理科）、「環境の本」（総合的な学習の時間）などを集めて、〈ボックス図書〉として児童の身近に置くことにより、いっそう図書に親しみやすくなるように配慮した）。

十分な読書環境を用意するために図書を学校司書が公立図書館から借りてきたり、図鑑等の利用指導の折りには他校から借りてきたりすることもある。このようにして、学校のあちこちに図書があり、児童がすぐに手に取れるという環境づくりを心がけてきた。

(2)　すべての子どもたちに読む時間を

本校では2001年度より朝10分間の「読書タイム」を設けている。始業時から10分間の職員打ち合わせの時間を、全校一斉の読書の時間としたのである。そのうち週2回は打ち合わせを行なわない日であったので、教職員による読み聞かせを行なった。打ち合わせのある日は、読み聞かせを担当する図書ボランティアの方が、各学級を順番に回って読み聞かせを行なった。

初めの2年間は、すべての子どもたちに読む時間を設定し、読書に興味をもたせることがねらいであった。しかしジャンルの偏りや学年にふさわしい本への移行がむずかしいという状況がみられたため、3年目からは、月ごとにテーマをもって読むための年間計画を作成した（「読書タイム年間計画」（巻末資料3）を参照)。

計画に際しては、主に国語科の教材と関連させて、「外国の絵本」「昔話や民話」「植物の本」「科学的な読み物」「ことば遊びの本」「自然がテーマの本」「中川李枝子の本」「斉藤隆介の本」「椋鳩十の本」などを入れた。特にテーマが設定されていない月は、自由な読書とした。

このことは、先に述べた国語科における読書活動を支える時間としても活用できた。年間計画は毎年見直しを行ない、「読書タイム」の充実を図っている。

(3) ジャンルを拡げるために

このような「読書タイム」を3年間継続したが、読書量の差やジャンルの偏りがみられたことから、読書経験の少ない子どもにいかに読書に関心をもたせるかが課題となった。好きな子どもだけが読むのではなく、どの子どもにも、この学年でこれだけは読んでほしい、ふれてもらいたいという願いのもと、2005年度には次のような実践を始めた。

①「おすすめ10冊」

一つは、各学年の「おすすめ10冊」（巻末資料4）の選定である。子どもたちが各学年相応の本に親しみ、感性を高めていくことをねらいとして選定した。教科等の学習内容を参考にしながら、できるだけ幅広いジャンルから選定した。このリストの選定により、教師はより広い視野で児童書を見つめることや学年の系統性を考慮することができた。この実践を推進することにより、6年間を見通して継続的に読書活動を進めていくよい機会となった。

これらの本の選定により、年間10冊はすべての子が同じ本と出会うことになる。また、自分からは進んで手にしなかったであろう本との出会いにもなる。それらを各学級に置き、全員が1年の間に読むことを目指している。教師の読み聞かせやブックトーク、また子どもたちどうしの読書紹介の場(第3章5．「読書感想交流」、6．「読書交流」参照)、「おすすめ10冊」の中から心に残ったことばの紹介掲示など、いろいろな工夫をしながら子どもたちは10冊の本との出会いを楽しんでいる。

②「みんなで読もう！　この一冊」

二つ目は、「みんなで読もう！　この一冊」(巻末資料5)の実践である。多くの美しい文章やおもしろい作品にふれてほしい、みんなで同じ作品を楽しむ時間をもってほしいとの願いから、一冊を選定し、全員が同じ本を購入した。そのことによって次のことが可能になった。

1．少しむずかしい文章も読み聞かせや聞かせ読みなどによって楽しむこと
2．みんなで同じ文章を読んで、心に残ったことや感じたことを互いに語り合うこと
3．週末には本を家庭に持ち帰り、親子で楽しむこと

③ブックトークの活用

三つ目は、折りにふれてのブックトークである。各教科の単元の中で、担任が教材に関係した本を

紹介したり、学校司書が授業に参加してブックトークを行なう。また、8時30分から15分間の「チャレンジタイム」の「コミュニケーションタイム」を利用し、子どもどうしが自分の読んだ本の紹介をし合う。この「チャレンジタイム」とは、本校が2001年度から全校一斉に15分間の帯タイムとして設定してきた時間である。基礎的・基本的事項の力をつける時間、コミュニケーションを楽しむ時間として活用している。

本校では、目の前にいる子どもたちに直接本を語ることをブックトークとしているが、「としょかんだより」での紹介や、「おすすめの本紹介カード」なども間接的なブックトークといえるだろう。子どもたちは、時としてたくさんの本の前で「読む本がない」と言う。いくら本が充実していても、ただ並んでいるだけで自分には関係のない本と見てしまうのだろう。読んでもらった本、誰かが読んでいた本、前に読んだ本のシリーズ、教員や学校司書が紹介した本など、何かのきっかけがあった本が手に取りやすい本のようである。そういう意味においても、ブックトークは子どもたちにより幅広い読書の機会を与える非常に有効な方法である。

(4) 本を語り合う

本校では、2001年以来、コミュニケーション能力の育成を図ってきた。自分の思いや考えをもって話す力、相手の思いを受けとめて聞く力、さらには、目的や場面に応じて適切に表現し、互いの立場や考えを尊重しながら伝え合う力を育ててきた。ことばで人と関わり、心をつなぐということを大事にしてきた。

本校の子どもたちに培ってきたコミュニケーション能力を生かした特徴的な読書活動として、「読書感想交流」と「読書交流」がある。子どもたちの日常の会話に、読んだ本が話題となって出てきたら素晴らしいと考え、本について語り合えることを願って取り入れた活動である。２００４、２００５年度と継続してきた。次のようなさまざまな形態をとって実践した。

①読んだ本を紹介し合う

１年目は、読んだ本の紹介をし合うということが主な活動だった。学期に一度、学級で、学年間で、異なる学年でというように回を重ねた。１年生は登場人物とおもしろい場面を選ぶ。２年生は初め・なか・おわりで話をつかむ。中学年はあらすじをつかむ。高学年はテーマを考えて伝える。というようなそれぞれの観点をもちながら、音読・本についての対話・学級または学年を数人のグループに分けてコーナーをつくり、本を紹介するワークショップ・ブックトーク・感想を手紙にして読み合うなどの形態を工夫した。

本を語り合う際には、何を語るか、どう語るかで、国語科での読みの力や話す・聞く力の取り組みが生かされた。本の内容や感想からお互いを理解し合い、読書の幅が広がった。子どもたちは、この活動を何よりも楽しんでいる。

②チャレンジタイムなどの活用

２年目には、先に述べた「チャレンジタイム」なども利用してこの活動を日常的に行なっている。

ブックトークや読書会も行なうようになった。さらには、6年生が1年生にブックトークをしたり、5年生が2年生に民話の語りを行なったりしている。この時間は、子どもどうしのあたたかいふれあいの場となり、本校が大切にしてきたことばを通してお互いをわかり合うというねらいが実現している。3学期に行なった次のような実践などもたいへん楽しく、次の学年の読書への期待がふくらんだ。

1年生→6年生　こんなに上手に読めるようになったよ「卒業おめでとう」

2年生→1年生　「2年生おすすめ10冊」の紹介

3年生→2年生　「3年生おすすめ10冊」の本の帯紹介

4年生→3年生　「4年生おすすめ10冊」の感想紹介

5年生→6年生　「3学期に読む本を選ぼう」

③読書感想交流の実践

本を読んで感想を述べ合う読書感想交流も行なった。一冊の本を読み合い、または読み聞かせをして、子どもたちが感じたことを自由に述べ合うという活動である（『子どもの未来をひらく自由読書』（笹倉剛著、北大路書房）の中で、「『もう少しお話しして』プログラム」として詳しく説明されている）。自分の思ったことを友だちにわかるように話すことによって、さらに本の内容が自分の中に入っていく。友だちの話を聞いて、作品の世界を拡げていく子どもたちは、話を聞いてもらう喜び、相手の話を聞く楽しみを十分に味わっている。以下、ある子どもの感想である。

読書感想交流は、本を読んでもらうのもおもしろいけど、意見を言うのも楽しい。他の友だちの意見を聞くのも楽しい。読書感想交流は、自分の思ったことを何でも言える。
（４年生男子）

(5) 親子で楽しむ

読書に対する保護者の理解や家庭での読書も大切である。月一回発行の「としょかんだより」には、読書に関する情報や新しく購入した本の紹介などを行なっている。学校司書の配慮によって、低学年・中学年・高学年と内容を分けて発行している。また、本校に笹倉氏を招いての「親子読書講演会」では、親子で読書を楽しむさまざまな方法やブックトークなどをしていただき、児童書の素晴らしさに関心をもつ保護者が出てきた。このようなことから、長期休業中の学校図書館の開館日には、親子で訪れる人も増えた。

保護者への「読書に関するアンケート」からは、次のような声を聞くことができた。

４年生の頃から急に本が好きになり、いつも読んでいる。会話の中で彼女の語彙が増えているところをみると、やはり読書の影響なのだろうなと思われます。親も読書に興味をもち、意見や感動を分かち合えたらいいなあと思います。
（五年生の保護者）

学校の取り組みによる子どもたちの読書に対する姿勢の変化に、保護者からは理解と共感を示してもらっている。

3. 学校図書館への願い

(1) 学校は文化的な場所

私は以前から、学校は知的で文化的な香りのするところであってほしいと願ってきた。教育が子どもたちに学問や文化を伝えていく営みであると考えるならば、その営みが行なわれる場所が、すなわち学校であろう。子どもたちが見聞きするもの、接する人、環境などのすべてが、子どもたちにとって文化的に価値のあるものであってほしい。とりわけ学校図書館は、すべての教育活動を深め、読書の世界を拡げる、まさに文化の宝庫ともいえる場所でありたいと願ってきた。

本校では2004年2月に、児童数の増加により特別教室棟が増築され、その中に図書室が含まれていた。面積は限られていたが、設備や内装については学校の意見が十分に取り入れられ、新しい図書室が誕生した。

(2) 居心地のよい空間に

各地の図書館施設を素晴らしい空間に変えておられる平湯文夫氏が提唱されている平湯方式の図書館を参考にして、書架、机、椅子、テーブル、展示用机、カウンターなどを選んだ。絵本コーナー、パソコンコーナーなども配置した。書架は浅く、書棚は低くし、表紙を見せる本棚も入れた。

また図書館の全体的な色みを、温かみのあるベージュやオレンジを基調とした。そこに植物のグリーンを配し、小物類はできるだけ本に関わるもののみとしている。いわゆる本が主役の図書室である。詳しくは、第5章　写真で見る串小学校「図書館の中の学校」をご覧いただきたい。2004、2005年度の運営については、学校司書が腕をふるって、図書室はまさに居心地のよい文化的な場所となっていった。

(3) 質の高い蔵書を

『子どもの未来をひらく自由読書』の中で、笹倉氏は、「感性のみずみずしい子ども時代に良質の本と出会った体験が、人生の後半になって重要な意味をもつと言われている」と述べている。

言うまでもなく、小学校には児童期の成長の著しい子どもたちがいる。加えて、学習資料センターと読書センターという役割を担っている学校図書館には、発達段階や各教科などに対応できる多種多様な蔵書が必要である。

読書センターとしての役割から蔵書をみた時、これまでいくつかの学校で課題があると感じてきた。絵本への偏り、創作幼年童話の類似性、本格的な読書を楽しむ本や質の高い本の少なさなどである。子どもが安易に喜ぶ本だからとか、厚い本は読まないからという観点のもと、短い子ども時代にふれさせたい本が少ないという現状がある。

本校では、教師自らが子どもの本を読んだり、信頼できる人のブックリストや信頼できる機関が選んだ本の紹介などを参考にしたりしながら、選書を進めてきた。たとえば外国の作品の場合は、よい文章に出会うためにも、訳者の吟味が重要である。質の高い本に接していれば、駄文はすぐ見分けられるようになる。このことは実践を通して確信できたことである。

しかし課題は蔵書数、言い換えれば、図書購入のための費用である。本校では、2003、2004年度に古い本を多く廃棄した。現在の「学校図書館図書標準」（1993年文部省設置）によれば、一人あたり約20冊が標準となるので、本校では児童数434名（2005年現在）で、8760冊が標準となり、さらなる蔵書が望まれる。まして、1年生から6年生までの各教科などの学習に対応し、発達段階に即した読書への興味関心に対応するには、かなりの蔵書数が必要である。

公立図書館が生涯学習センターとしての機能を備えるため整備が進んでいる中で、学校図書館の蔵書および費用の検討は緊急の課題だと感じている。

(4) 生涯読書へ

子どもの読書力をつけるためには、年齢に応じて、計画的に図書を紹介することが必要となる。また、ある程度の難易度に応じた段階的な図書の目安も必要となろう。

絵本の「読み聞かせ」は、内容の短さと方法の手軽さにおいて、いつでも誰でもが行なえ、低学年には有効な読書活動である。では、絵本から幼年童話にどのように移るのか、またそれに適したどのような本があるのだろうか。現在の読書活動では、この部分がもう少し考慮されなければならない。「文字がめだつ絵本」ということで、脇明子氏は『ラチとライオン』（マレーク・ベロニカ作・絵、徳永康元訳・福音館書店）をあげている。まさに、「絵を読む」から「本を読む」に移行する時期にふさわしい本である。『おぼえていろよおおきな木』（さのようこ作・絵、講談社）なども好例といえる。このような本を、もっと充実させることが望ましい。

さらに中学年では、笹倉氏のご示唆により、物語の分野で質の高い本を備えている岩波少年文庫の読み聞かせを続けている。高学年になると、読書は個人によって量的にも質的にも差が出てくるが、読書へのいざないも長編小説やノンフィクションに幅を拡げている。質の高い本は、子どもの読書への楽しみを飛躍的に変えていく。

このようにして、段階的に読書の世界を拡げていくことができるのが、学校という場所である。確かな読書力を育てることは、今、学校に課せられた大きな課題であると感じている。生涯にわたって本から知識を得、本を楽しみ、世界観を広げてほしいと願っている。

『学びを豊かにする学校図書館』（澤利政著、関西学院大学出版会）の中で、学校図書館で読書教育を実施するための基本的な指導段階として、①読書興味を誘発する、②読書意欲を喚起する、③読書力を涵養する、④読書領域を拡大する、⑤読書技術を訓練する、⑥読書の選択力を育成する、⑦読書習慣を形成する、の7つの項目が挙げられている。

まさに、生涯読書のための指導段階であるが、本校が実施しているさまざまな読書活動は、これらのそれぞれの段階に当てはまっていると考えている。

4. 子どもと本をつなぐ

(1) 担任

読書の世界への道案内には、子どもの発達段階に合わせて本を手渡す人が重要である。学校においては、学級担任がもっともふさわしい。担任は、すべての子どもの実状に合わせて継続的に読書へのいざないが可能な立場にある。また、子どもたちにとって、とても身近で信頼のおける人であるからだ。

本校では担任こそ読書の意義を理解し、読書活動の技術を磨いてほしいと願い、さまざまな研修を行なってきた。なぜ読書活動が必要なのか、どのように薦めるのかを学ぶ研修会や、教科等の学習とどうつなぐかなどの研修会を経て、読書活動の意義や重要性を共有した。また、教師自身が読書活動の技術を習得するために、ブックトークや読み聞かせの第一線の専門家を招いて、研修を深めていった。特に、笹倉氏の『感性を磨く読み聞かせ』、『心の扉をひらく本との出会い』（ともに北大路書房）、『子どもの未来をひらく自由読書』は、教員が購入して研修を進めていく礎となった。これらの研修から、教員は次のような感想をもった。

- 読み聞かせの大切さを実感できた。子どもと幸せな時間を共有する時間として大事にしていきたい。
- 主役は本と子どもであり、教師は出会わせる役割を担うことであるとわかった。
- 最近の子どもは本を読まなくなったというが、よい本を与えてあげることの大切さがわかった。
- 児童書を読むことで、私自身が本のおもしろさ、楽しさにひかれていった。
- こんな時、子どもにこの本をと考えられる教師であるためには、まず教師が本を読み、知ることが第一歩であろう。

また、選書や読書活動は、司書教諭や学校司書と連携しながら進めている。図書室での、学校司書による読み聞かせや図書利用指導はいうまでもなく、授業の中で、担任と連携したブックトークなども行なっている。蔵書の購入にあたっては、担任・司書教諭・学校司書が、学習や児童の実態、自分たちの願いなどを考慮して検討している。図書購入後、学校司書はまず購入した本を職員室の前に置き、担任が新刊本を周知できるようにしている。またここには、読書に関する研究書なども置かれている。

(2) 司書教諭

読書活動を初めて2年目頃から、司書教諭は学校図書館と教育課程をつなぐ重要な役割をもつようになった。教科などの学習や読書を推進するために、また、学校図書館の運営のために、コーディネーターとしての役割を果たしている。学校図書館法で「司書教諭は教諭をもって充てる」と定められているのは、このような活動を見越してのことだろう。

本校では、複数の教員が図書館担当者となり、そのうちの一人が司書教諭の資格をもつ。各学年の教科内容に合わせて、どのような本があるのか、今どのような本の購入が必要か、また、それらの図書をいかに活用していくかなど、指導的な役割を担っている。

担任や学校司書、ボランティアなど学校図書館に関わる人々と連携し、望ましい学校図書館の運営に努力している。しかし実際には、担任と司書教諭を兼ねながら、できる限りのことをしているというのが現状である。

(3) 学校司書

学校司書は、学校図書館の専門職員である。配架の工夫、学校図書館での読書活動、図書情報の提供など、子どもたちが活発に利用できる学校図書館の整備を行ない、読書活動を支える大きな役割をもつ。

本校の学校司書は、「図書館の中の学校」づくりをめざして、さまざまな創意工夫を行なった。

また、教科学習の展開に活用できるように、学習に必要な本をそろえ、担任にさまざまな情報を提供し、自らも読み聞かせやブックトークを行ないながら支援を惜しまない。本校の読書活動の活性化に、学校司書の果たした役割ははかり知れなかった。詳しくは、第5章「写真で見る串小学校　図書館の中の学校」をお読みいただきたい。

(4)　図書ボランティア

本校では、1999年度から図書ボランティアを導入し、現在は18名が活躍している。活動内容は、大まかに次のように分けている。

- 読み聞かせボランティア―読書タイムでの読み聞かせ
- お話会ボランティア―お話会を開く
- 図書整備ボランティア―図書整備や本の貸出

また、年3回の「図書ボランティア打ち合わせ会」と折々の「図書ボランティア通信」で共通理解を図っている。毎学期に一度程度、長休みの時間（2限目と3限目の間）や昼休みの時間を利用して行なうお話会では、大型絵本の読み聞かせ、紙芝居、パネルシアターなど多彩な取り組みである。

教員に、読み聞かせやブックトークなどの技術が必要なように、図書ボランティアにも読書活動の技術が求められている。親子読書会や読書活動の研修会などには図書ボランティアにも参加していただいている。こうして、保護者や地域の方々の読書への理解や意欲が拡がっているのを感じている。

(5) 担任以外の教職員

本校の読書タイムは、校長・教頭を初めとして担任以外の教員も読み聞かせに参加する。選書や読み聞かせの方法などそれぞれが工夫し、自らの力を高めようとする姿がみられる。学校全体で読書活動を進めるという共通理解と意欲が高まっている。

(6) 家庭

校内の読書活動に加え、家庭の中に読書の雰囲気があり、家族がそれぞれの子に合った本を用意することにより、子どもの読書への意欲はさらに高まる。

保護者へのアンケート結果から、家庭での読書のようすも変化していることを知ることができる。たとえば低学年では、読み聞かせを行なうことにより書店に行くようになったこと、中学年や高学年では、週末に公立図書館へ出向くことが増えたことなどがあげられる。

学校ぐるみの多様な読書活動を始めて2年目には、子どもたちの読書への姿勢は変化し、学校の取り組みの継続を望む声が増えるようになった。

(7) それぞれの役割を

子ども自身が未来を切りひらいていくためには、まわりの大人の支援が不可欠である。そのためには、子どもの育ちに関わるすべての大人たちが豊かなことばの使い手であってほしいと願う。とりわけ、学校という教育の場において、教育に携わる一人ひとりが、子どもにとっての読書の素晴らしさを共通理解し、本を手渡すスペシャリストでありたいと願ってやまない。

職員室の机の上に日常的に児童書が置かれ、教師自身が本のおもしろさを味わい、読書活動の楽しさを実感している。このような教職員の姿にも、読書活動の手応えを感じている。

子どもたちには、自分の学びたいことを学び、自分に合う仕事を見つけ、多くの人と豊かなコミュニケーションをもちながら自分の人生をつくっていってほしい。その時必要なものは多々あるが、読書力もその重要な一つであると確信している。

「自ら本に手をのばす子どもを育てる」ために、私たち大人に必要なことは、読書力を育てることの意義を理解し、本当に子どもに手渡したい本を選び、さまざまな創意工夫をしながら本の世界の楽しさや素晴らしさを伝えていく努力だと痛感している。

5. 読書活動がもたらした変化

(1) 読書活動の経緯

本校の読書活動は、1999年度からの図書ボランティアの活動を皮切りに、2001年度からの「読書タイム」から本格的に始まったといえる。

「読書タイム」を始めて3年間は、週2回ということもあって、すべての子どもが本に向かう時間をもつということを大事にした。当然ながら、本の好きな子どもとあまり親しんでいない子どもとでは選書に課題があり、図書貸出冊数にも個々の興味が反映されていた。ジャンルの偏りがみられ、薄い本ややさしい内容の本を選びがちであった。

図書室に行く子どもたちもあまり多くはなかった。読書の時間に図書室を利用しても、何を選んでよいかわからず、あれこれ手に取ることで時間が過ぎるという状態もみられた。

また、すべての担任が児童書に詳しいわけではなく、読書活動の進め方や読み聞かせの技術などについても専門家ではない。学校司書がいる年は（在籍は隔年）、その専門性をできるだけ生かせるような努力を続けた。

そのような状況をみる時、やはり学校全体で取り組む体制や多様な読書活動が望まれると考えた。

(2) 主な読書活動

２００３年度末には読書活動のあり方を検討し、全校で取り組む体制づくりと本校独自の多様な読書活動の充実をめざした。２００４、２００５年度の2年間は、各教科において読書との関連を図ったり、読書交流体験活動を通して本の世界を拡げたりする活動を実践してきた。第3章・第4章に取り上げた実践は、主として２００５年度の読書活動である。

この2年間は、「読書意欲を高め、読書の質的な充実を図りたい」また、「読書交流によって感動を共有したい」との願いをもってきた。

２００５年度の読書活動のねらいは次の通りである。

・読書習慣を身につけ、読書に親しむ子を育てる。
・知的関心を高め、心豊かに成長するために本と対話する子を育てる。
・本を介して、人と人との関わりを広げ深める子を育てる。

このようなねらいを達成するために、次のような読書活動を継続してきた。

・「読書タイム」や「チャレンジタイム」など（読み聞かせ、聞かせ読み、自由読書、「おすすめ10冊」、「みんなで読もう！　この一冊」、読書記録、感想カード、紹介カード、この本おもしろかったよ）
・国語科における読書活動（平行読書、関連読書、発展読書）

・各教科における関連図書利用（年間計画作成、ボックス図書）
・読書感想交流や読書交流体験活動（学級で、学年で、異学年で）
・図書ボランティアの活動（読み聞かせ、お話会、図書整理）
・家庭との連携を図る活動（親子読書会、親子読書講演会）

(3) 子どもたちの変化

①読書への意欲

図書室を中心として、学校のいたるところに図書があり、学習内容や読書タイムの年間計画に合わせた図書が身近にあるという環境から、これまで読書への興味が薄かった子どもたちも、本を手にする機会が増えた。また、自由な時間に図書室を訪れる子どもたちも増え、学校司書に読みたい本について相談する子どもも多くなった。

②ジャンルの拡がり

年間計画をもって「読書タイム」を進めたことや、「感想カード」「紹介カード」などから友だちの読んだ本に興味を示し、今まであまり読まなかったジャンルの本を手に取る子どもが増えた。

③質の変化

継続的に本の紹介やブックトーク、読み聞かせなどを行なってきた結果、それぞれの学年で読んでほしい本を読む子どもが増えた。「心に残った本」のアンケートからも、その傾向がわかる。

「みんなで読もう！　この一冊」は、その学年にとって自ら手に取って読まないような内容のものもあった。しかし「聞かせ読み」や、みんなで読むということから、いつのまにか読んだということになり、「こんなむずかしい本が読めた」という自信につながった。短編集を選んだ学年では、シリーズや扱った作家の他の作品へと読書を拡げる子もいた。

④国語力向上へ

「読書感想交流」や「読書交流」は、国語科で学んだ力を生かしたり、育てたりする場としても有効だった。たとえば、「読んでおもしろい場面をつかむ」「起承転結をつかむ」「一文に要約する」「テーマをつかむ」などである。またさらに、それらを相手にわかりやすく、一定の時間内で話すということである。聞き手は、話される内容を理解し、次に読む本を決めるのである。読む・話す・聞く、の国語力が実際の場面で生かされることになった。

また語りやブックトークで培った力が、暗記暗誦を容易にしたり、プレゼンテーション原稿の構成づくりに生かされたりするということもみられた。

⑤心の交流

「読書感想交流」や「読書交流」では、友だちを知る場としても意義ある活動であった。友だちが本から感じたことを知ることは、すなわちその人を理解することにつながる。「話してよかった」「聞いてよかった」というやりとりによって、温かな信頼関係をもつこともできた。本を語り、本を知る場が、友だちを理解する場ともなった。

6年生が1年生にブックトークを、5年生が2年生に語りをという活動は、低学年に対する思いやりをもった温かなふれあいの活動となった。これは「心をつなぐことばでつなぐ」を大切にしてコミュニケーション能力を育成してきた、本校ならではの活動ではないかと思う。

(4) 今、読書が好き

本校の子どもたちは、今、本当によく本を読む。また、長い物語やページ数の多い本も手に取るようになった。子どもたちは質的に高まりゆく読書を体得しているのである。子どもたちの読書への感想を紹介したい。

今、とても好きなものの中に本があります。僕は、5年生のときに先生からすすめられた本を読んで本の良さについて知りました。それから僕は、家でよく本を読むようになりました。今は、文庫で読むことが多いです。

（6年生男子）

僕は、図書室から『ファーブル昆虫記シリーズ』を借りています。その中に、あみを張るオニグモというクモが出てきました。「クモの巣の縦糸はネバネバしていないけれど、横糸はネバネバしていて、みんな横糸にひっかかっている」と書いてありました。僕は今日、家に立派なクモの巣があることを発見しました。そこで早速、縦糸にさわってみたら、本当にくっつきませんでした。横糸にさわってみたら、なかなかはずれませんでした。よくみてみると、本当に横糸にはすべてしずくのような粘液がついていました。僕は感動しました。本で読んだことを実際に自分でやってみると、なんだかうれしくなりました。

（6年生男子）

(5)　アンケート「心に残った本」より

次の表は「今までで心に残っている本は?」と尋ねたアンケート結果からの抜粋である。「質の高い読書を」「幅の広い読書を」と願ってきた成果の一端が表れている。

●表2－1　心に残った本

学年	書名
1年生	しずくのぼうけん、ひ・み・つ、ライギョのきゅうしょく、おたまじゃくしの101ちゃん、からすのパンやさん、今日はなんのひ?、へんてこもりにいこうよ、そしてトンキーもしんだ、大きな木、ベートーベン
2年生	さっちゃんのまほうのて、ふたりはともだち、ヤドカリ、さいごのまほう、天使のかいかた、タテゴトアザラシのおやこ、わすれられないおくりもの、ファーブル昆虫記、ちいさいももちゃん、ものぐさトミー
3年生	シートン動物記、かわいそうなぞう、救助犬ターシャ、きつねのスケート、神戸っ子は負けなかった、火よう日のごちそうはひきがえる、ルドルフとイッパイアッテナ、長靴下のピッピ、世界で一番やかましい音、大どろぼうホッツェンプロッツ
4年生	ロビンソン・クルーソー、ジムボダンの機関車旅行、ヘレン・ケラー、西遊記、クラマ博士のなぜ、トムソーヤの冒険、がんばれヘンリーくん、子ぎつねヘレンがのこしたもの、選ばなかった冒険、チョコレート工場の秘密
5年生	NHKプロジェクトX　ジュニア版、ハッピー・バースディー、目の見えない犬ダン、ライオンと魔女、盲導犬不合格物語、1リットルの涙、霧のむこうのふしぎな町、夏の庭、山古志村のマリと三匹の子犬、月の輪グマ
6年生	十二番目の天使、十五少年漂流記、冒険者たち、オーパーツシリーズ、注文の多い料理店、よみがえれ白いライオン、秘密の花園、理科室から生まれたノーベル賞、バッテリー、源平盛衰記

(6) 未来をひらく力として

笹倉氏が、「子どもに質の高い本を手渡す人が身近にいて、そのような本に出会えるような読書環境をつくっていくことの必要性を強く感じる」（『心の扉をひらく本との出会い』より）と述べていることに共感を覚え、2年間指導をしていただき、できる限りのことを継続してきた。

今、本校の子どもたちは穏やかで落ち着いている。学習や活動に意欲的に取り組み、多くの感動をもたらしてくれる。広い意味でのことばの力の育成を継続してきたことが子どもたちのさまざまな姿となって、本校の校風をつくっている。また、願いを共有して、望ましい姿を追究してきた教職員の学びが、学校の文化として育ち、本校の特色となっている。

読書の力の素晴らしさと、ことばの力の偉大さをあらためて感じ、それらの力が子どもたちそれぞれの未来をひらく力として生きるのだと確信している。一人ひとりが、豊かなことばの力を備えて、自分らしさを生かしながら歩んでほしい、生涯、本と友だちであってほしいと心から願っている。

第3章

自由読書の実践例

学級担任が行なう読書活動

1. 読み聞かせ――すべてのクラスで、いつでも「読み聞かせ」を

「本を読むよ」「やったあ！」

子どもたちの声があがり、机の向きをいそいそと変え始める。串小学校の子どもたちは、本を読んでもらうことが大好きだ。本と子どもたちをつなぐために、私たちはそれぞれの立場から「読み聞かせ」を行なった。以下読み聞かせのさまざまな実践について述べたい。

①学級担任による読み聞かせ

◆時間をやりくり「一日一冊」◆

子どもたちと一番長い時間を過ごすのが学級担任である。それでも読み聞かせを行なうためには、採点の手を休めたり、学級事務の手を止めたりして、時間をやりくりしなければならない。よいこととわかっていても継続することはなかなかむずかしい。

本校の時間割（図3－1）をごらんいただきたい。1限授業までの朝の35分間を「読書タイム」「朝の会」「チャレンジタイム」と細かく設定し、さまざまな学習や活動を行なっている。一日のスタートをリズムよくこなし、落ち着いて授業に取り組むことができるように配慮したものである。

読書タイム（8時10分～8時20分）のうち、火曜と木曜は職員朝礼がなく、子どもと一緒に読書ができる時間である。この時間を利用して本を読み聞かせたり、時には「ことば広場」の時間（火曜日、

水曜日の8時30分〜8時45分）や給食中や帰りの会などを使ったりして時間を確保している。また、低学年は「一日一冊」と考え、さまざまな時間を使って下校までに読み終えるよう心がけている。

読み聞かせでは、「本は質の高いものを」という考え方を根底に選書している。たとえば各学年の推薦図書である「おすすめ10冊」や「ボックス図書」（学習内容や、読書タイムのテーマに応じて準備した本をボックスに入れ、学年前廊下に設置したもの）などの幅広いジャンルから選ばれた質の高い本、また国語科と読書活動との関連からリストアップされた図書を参考に選書している。さらに、学校司書にアドバイスをもらったり、教師間で情報交換したりして、それ以外の本も取り入れるようにしている。

中・高学年では、総合的な学習の時間や道徳の時間、学級活動の時間と関連した読み聞かせも行なった。この取り組みは学習を広げたり深めたり

●図3－1　平成17年度串小学校　時程表

第1日程	8:10	8:20	8:30	8:45	9:30	9:35
	朝の活動（職員朝礼）	朝の会	チャレンジタイム	1B／1限		
月	読書タイム	朝の会	かず広場			
火	読書タイム	朝の会	ことば広場			
水	読書タイム	朝の会	かず広場			
木	学級の時間	朝の会	ことば広場			
		朝の会				
金	読書タイム	朝の会	コミュニケーションタイム			

●表3－1　読み聞かせた本のリスト（一部抜粋）

学年	書名
1年	わたしとあそんで、しろいうさぎとくろいうさぎ、ともだちやシリーズ、こすずめのぼうけん、にじいろのさかな、ことりをすきになった山、スイミー、おたまじゃくしの101ちゃん、ころちゃんはだんごむし、けんかのきもち、ひつじぐものむこうに、など
2年	くまの子ウーフ、ラチとらいおん、けんかのきもち、どんぐりかいぎ、やどなしねずみのマーサ、ごきげんななめのてんとうむし、うさぎたちのにわ、ほしになったりゅうのきば、しっぽのはたらき、チムとゆうかんなせんちょうさん、すいかのたね、など
3年	注文の多い料理店、ごろはちだいみょうじん、まんじゅうこわい、じっぽ、かげまる、山ねこおことわり、花さき山、ソメコとオニ、よっちゃんのビー玉、勇気、だいずえだ豆豆もやし、はじめてのかり、きえたにじ、など

するきっかけに有効であった（表3－1）。

本の分量によっては日をまたいで本の続きを読むこともある（本章⑥連続の読み聞かせ参照）。しかし、低学年では、翌日になると昨日までの話のすじや状況をしっかり思い出すことがむずかしい子どももいる。そのためおもしろさや感動が薄れる場合がある。やはり3年生までは、「一日一冊・一作品」の考え方がふさわしいように感じる。

◆継続する意義◆

読み聞かせを続けるにつれて、子どもたちは集中して本の世界を楽しむようになってきた。担任が本を手にしたとたん、読み聞かせの場に椅子を準備したり、うれしそうに集まってきたりする。静かに挿絵や担任を見つめている子どもたちが、おもしろいところでは声に出して笑ったり息を詰めて聞き入っている。読み終わると自然に拍手が起こる。担任にとってもこの反応が楽しく、また読もうという意欲がわいてくる。この積み重ねが読み聞かせの継続につながっている。

ある日、3年生の担任が不在で、他の教師が給食の指導にいくと、「今日はこれ、ここから読むんや。」と、あたりまえのように本を手渡された、と苦笑したエピソードがある。いかに読み聞かせが教室に根づいているかがうかがわれる。

読み聞かせた本は必ず教室のミニ書架に飾り、いつでも手に取れ、貸出もできるように配慮している。子どもたちは、読み聞かせてもらった本を自分でもう一度読むことも大好きである。また、読み聞かせの履歴として、書名などを掲示板に書き加えていったり、表紙のコピーを掲示したり、学年ごとに工夫している。それをもとに、同じ作家の本やシリーズの本を図書室に探しにいく子どももいる。

読書タイムの読み聞かせ

このような日々の読み聞かせの継続を、担任はどう感じているのだろうか。ある担任は、「とても集中して聞いています。読み聞かせの時間は、自分も子どもたちも穏やかな気持ちになれる時間だと思います。」と言っている。このことばにつきると思う。

②級外（学級をもたない教職員）による読み聞かせ

本校の「読書タイム」には「級外の先生の読み聞かせ」がある。教科担任や少人数担当など学級担任以外の教諭や、校長・教頭が一定期間、各学級で読み聞かせる。聞き慣れた担任の読み聞かせにない新鮮さ、選書のもの珍らしさに子どもたちの期待がふくらむ。読み聞かせによって、学級担任以外の先生とふれあい、親しむよさもある。

２００５年度12月の級外での読み聞かせは次の表３－２の通りである。この日のために級外の教師たちは、どんな本にしようかあれこれ迷ったり、喜んでくれるか案じたりして臨むのである。教師にとっても、わくわくすることである。

●表3－2　級外の読み聞かせ（例）

学年	読み手	書名	作者等	出版社
1年	少人数担当教諭	くうきやへ　ようこそ	おりもきょうこ／作	福音館書店
2年	級外教諭	ちょろりんのすてきなセーター	降矢なな／作・絵	福音館書店
3年	教務主任　養護教諭	やさしい女の子（おおきなポケット）	大塚勇三／再話、安井寿磨子／絵	福音館書店
4年	級外教諭	草と木で包む	U．G．サトー／文、後藤　九／絵、酒井道一／写真	福音館書店
5年	教頭	蜘蛛の糸	芥川龍之介／作	北沢文庫（ウェブページ）
6年	校長	二十一世紀に生きる君たちへ	司馬遼太郎／著	世界文化社

③学校司書による読み聞かせ

１・２年生は、国語科の予備時数を使って、図書室を利用している。図書室にやってきた子どもたちは、われ先に絵本コーナーのマットに座る。学校司書の読み聞かせを期待しているからだ。司書は、季節ごとの展示コーナーに置いた本や、子どもたちの学習内容にふれた本を読み聞かせている。数冊の本を紹介し、その中の一冊を読む。本の専門家による読み聞かせは、子どもたちを本の世界へと容易に誘ってくれる。

学級担任にとっては、司書の本の選び方・読み聞かせ方は、とてもよいお手本である。読み聞かせの技術を学ぶ機会として、子どもたちと一緒に担任も司書の読み聞かせを楽しんでいる。なにげない日々の会話から、子どもたちの生活や学習内容に沿った本を選ぶ司書のセンスや知識に担任も舌を巻くことが多いという。読み聞かせを学ぶつもりが、自分も引き込まれて子どもと同じように聞き入ってしまう、と笑う教師もいる。

読み聞かせが終わると、子どもたちはいっせいに本を借り始める。もちろん、紹介があった本やった今読み聞かせてもらった本は大人気である。聞いた後すぐに本を手にできることが、学校図書館のよさである。

④図書ボランティアによる読み聞かせ

図書ボランティアは保護者や地域の方から募り、読書タイムの読み聞かせや図書業務の補助、「お話会」などを行なっている。

読み聞かせに携わるボランティアは9名。月・水・金の読書タイムに1年から6年までの教室に入っている。学校行事などの合間をぬって日程を組んでいるのだが、子どもたちの反応に「もっと読む回数を」と意欲をみせてくださっている。

選書にあたっては、長く読み継がれた本（主に低中学年）、心に響く本（全学年）をという学校司書のアドバイスを受け、ボランティアの方々がそれぞれ準備している。学年が上がるとページ数も多く、読書タイム10分で読み切れる本となると制約がある。短くても高学年ならではの深い感動を与える本や、楽しめる本をと工夫している。

「みんなのうれしそうに聞く顔がうれしかったです」、「子どもたちの元気をいただいた数分間、本当に幸せを感じました」など、図書ボランティア日誌には、いきいきとした感想が綴られている。

食い入るように本を見つめる

⑤上級生から下級生による読み聞かせ

読書タイムは職員朝礼の時間と重なり、学級の子どもたちが先生と離れる時間になる。6年生は、1学期、入学まもない1年生の身の回りの世話をしたり、給食準備や清掃を手伝ったりしている。読書タイムでの6年生による読み聞かせも、1年生のお世話の一環である。しかし、この読み聞かせは、6年生にとっても意義のある活動となっている。

２、３人のグループが当番となって毎日１年生の教室に入る。まず、事前に１年担任や学校司書と相談して本を選び、下読みや練習を行なってから臨む。１年生の反応から、選んだ本の良し悪しを感じ、読み手どうしでアドバイスし合ったり、担任に相談をもちかけたりしていた。

１年生の子どもたちは、集団登校などでも世話をしてくれる６年生が大好きで、読み聞かせもたいへん楽しみにしている。６年生が来ない日は「まだ来ないの？」と気にかけ、代わりに担任が読むと伝えると「えーっ」と不満げな声があがる。同様に６年生にとっても１年生はかわいくてしかたのない存在になっている。休み時間も１年生教室に出向き、校庭へ誘ったり、肩車やだっこをしたりして関わっている姿がよくみられる。読書タイムの読み聞かせが、親密さを増すきっかけとなっている。

今日のお話何かな？

登校後、支度の遅い１年生を６年生が手伝い、１年生は自分の席について本の世界に入り込む。入門期の１年生にとって、一日の学習のスタートが６年生の読み聞かせである。６年生の読み聞かせ、担任の読み聞かせによって、１年生は学習への姿勢をおのずと身につけていくのである。

当初、１か月で終わる予定であった６年生による読み聞かせだが、６年生の強い要望により、１学期の間続けられることになった。

読み聞かせる人との出会い、本との出会い。本校の読み聞かせにはこのようにさまざまな出会いがある。本が人と人をつないでいるのである。

⑥連続の読み聞かせ

低学年だけでなく、中学年も高学年も、全学年が本の読み聞かせをして、みんなで本を楽しみたい。でも、中・高学年は本のページ数も多く、10分程度の時間1回では読めそうにない。読み聞かせる時間の問題もある。

そこで、ページ数が多く短時間で読み聞かせができない本については、読み聞かせの時間を生み出す工夫がなされた。それは、毎日の読書タイム、帰りの会、給食の時間などを利用して、一冊の本を連続して読み聞かせるというものであった。中には、4年生のように朝の連続小説として行なったクラスもあり、子どもたちが読み聞かせを楽しむ日課となっていった。

◆「先生、次はどうなるの」という声があがる◆

連続の読み聞かせを進めていると、「次はどうなるのだろう」という期待感をもって、その時間を楽しみにして待っている子どもの姿が多くみられるようになった。次回までに、主人公の気持ちや、話の続きをその子どもなりに豊かに想像しているのだろう。これが続けて読むことのよさでもある。

話の筋をしっかり押えながら聞き取り、おもしろい場面では大いに笑い、心に迫ってくる場面では真剣な表情を見せている。気持ちが表情や声に素直に表され、そのつぶやきから聞いている子どもの心の動きが読み手にも伝わってくる。読み聞かせを通して、子どもどうしや読み聞かせをしている教師の間には、一体感のようなものが生まれてくるから不思議である。連続して読み聞かせをする時間が、子どもにとっても教師にとっても一日の中での楽しみな時間となっている。

◆読み聞かせに選んだ本◆

連続して読む本は、展開の予想がなかなかつかない本（落ちのある本）や内容に区切りのある本が適していると思われる。また、教師が自分自身でも興味をもち、感動しておもしろいと思った本であることも大事である。

4年生の連続の読み聞かせに用いた本には次のようなものがある（表3－3）。

●表3－3　4年生の進級読み聞かせに用いた本

書名	作者等	出版社
チョコレート工場の秘密	ロアルド・ダール／作、クェンティン・ブレイク／絵、柳瀬尚紀／訳	評論社
五体不満足	乙武洋匡／著	講談社
ストライプ	デイビッド・シャンノン／作、清水奈緒子／訳	セーラー出版
イッキによめる！名作選	齋藤　孝／編	講談社
ルドルフとイッパイアッテナ	斉藤　洋／作、杉浦範茂／絵	講談社
ヘレンケラー	砂田　弘／著	ポプラ社
バッテリー	あさのあつこ／著	教育画劇
ウエズレーの国	ポール・フライシュマン／作、ケビン・ホークス／絵、千葉茂樹／訳	あすなろ書房

◆連続の読み聞かせによって拡がる読書◆

「お母さん、本買って」

これまで本に積極的に興味を示したことが一度もなかった子どもが、読み聞かせをしている本を買ってほしいと、家に帰って母親に話したというのである。『チョコレート工場の秘密』という本である。教室で読んでもらっている本を、実際に自分で手に取って読んでみたくなってきたのだろう。本が子どもの心を動かしたのである。連続の読み聞かせによって、「自分の本」と初めて出会うことになった。

また、『五体不満足』のように道徳の時間や人権のことを学ぶことと関連した本や、『ヘレンケラー』のように生き方を考える機会を与え、総合的な学習へとつながっていった本もある。同じ本をもう一度読んだり、続編やシリーズを次つぎに読む子どもも多くみられるようになった。毎日の連続した読み聞かせによって、子どもたちが自由に読むそれぞれの読書へと広がっていったことになる。

次に1年生と4年生の読み聞かせの実践例を紹介する。

実践例：１年生「継続している読み聞かせ」

①入学式の日から

◆読み聞かせを継続していく意義◆

読み聞かせは大切なものだが、それを継続していくことはさらに大切である。読み聞かせを継続する意義は、毎日の子どもにとっての喜びの時間をつくる、本への関心を高め読書意欲へとつなげる、語彙を増やし国語力を高める一助となる、クラスの人間関係の深まりを図れるなど、あげれば限りがない。

◆特別な日に印象深く読み聞かせをする◆

入学式の日に読み聞かせをするということは、特別の意味をもっている。その日は、保護者全員が集まる日であるため、学校や担任の方針を確実に伝えることができる日となる。絵本の読み聞かせをすることは、読書を基盤として国語力を伸ばしていくという学校の方針を見ていただけることになる。一方、緊張した子どもたちと学校との出会いを和らげるものとして、また、入学式にがんばったご褒美としても、担任はその日から、絵本を読み聞かせたいと思っている。子どもたちは、読み聞かせの後は、顔も気持ちもほぐれてくる。子どもたちにとって、「学校が楽しいところ」として映ることは、次の日から一人で学校へ来なければならない新入生にとって、はりきって一人で登校するための糧になるだろう。1年間ずっと続けていくという意味でも、読み聞かせのスタートは入学式の日でありたい。

②楽しみとしての場所づくり－場所づくりは雰囲気づくり－

子どもたちは、読み聞かせを聞きながら同時に絵を見ている。出てくるものの表情はもちろん、画面の隅々まで見ている。耳でお話を聞きながら、目は絵本に釘づけである。そのため、読み聞かせでは子どもたちの耳と目を十分にはたらかせるために、それを援助する特別な場所づくりが大切である。特別な場所をつくることによって、ワクワク感が出て、話に集中することができ、絵本の世界と一体になりやすくなる。

机や椅子を移動して教卓の近くに集まり、窓にカーテンを引き、絵本がめだつ場所をつくる。どの子どもからも読む本が見えているか、絵本の高さや子どもたちと自分との位置にも気を配る。

また、読み聞かせをし終わった絵本は、教室の後ろの棚に置き、読み聞かせの余韻を残す。空間をつなげることで、子どもたちが自然に本を手に取ることを意図している。子どもたちは、読み聞かせの本をもう一度自分で読みたくて、必ず手に取る。読み聞かせを終えた本で棚の上がいっぱいになれば、貸出の状況に合わせてまだ読み聞かせをしていない本も置くようにした。

③本を選ぶ－意図的に－

子どもに読むことができる時間は決まっている。だからこそ、意図的に選んだ本の読み聞かせが大切になってくる。目的に応じて多種多様な本を与えたい。子どもたちが次に手にする本になるかもしれないので慎重に選びたい。

まずおもしろく、文章の短いものから始める。1年生の場合、初期の教科学習に重ねて、数字が出

●表3－4　初期に読みたい絵本

書名	作者等	出版社
まねしんぼう	みやにしたつや／作・絵	岩崎書店
まめうし	あきやまただし／作・絵	PHP研究所
へびのクリクター	トミー・ウンゲラー／作・絵、中野完二／訳	文化出版局
カリ・コリ・モルチンのあいうえおキャンプ	瀧原愛治／作・絵	偕成社

●表3－5　教科内容、季節、行事に合わせての選択

教科等	書名	作者等	出版社
図画工作	くれよんのくろくん	なかやみわ／作・絵	童心社
	わたしのワンピース	にしまきかやこ／作・絵	こぐま社
	まほうのえのぐ	林　明子／作・絵	福音館書店
生活	びゅんびゅんごまがまわったら	宮川ひろ／作、林　明子／絵	童心社
遠足	えんそくバス	中川ひろたか／作、村上康成／絵	童心社
クリスマス	子うさぎましろのお話	佐々木たづ／作、みよしせきや／絵	ポプラ社
お正月	十二支のはじまり	岩崎京子／文、二俣英五郎／絵	教育画劇

●表3－6　季節を感じる図書

書名	作者等	出版社
はなをくんくん	ルーズ・クラウス／文、マーク・サイモント／絵、きじまはじめ／訳	福音館書店
あかいリボンのおくりもの	藤田良子／作、末崎茂樹／絵	金の星社
どんどんむらのなつ	つちだよしはる／作・絵	宝島社
ちびっこかたつむり	七尾　純／作、久保秀一／写真	偕成社
もりのかくれんぼう	末吉暁子／作、林　明子／絵	偕成社

てくるものや「あいうえお」のことば絵本などを選び（表3－4）、次第に、長い物語や内容的に意味のあるもの（岩波少年文庫など）を読んでいくようにした。1年間の見通しをもち、教科内容、行事や季節と関連させて、適宜読んでいくことも大切である（表3－5、3－6）。

◆学校司書との連携◆

読み聞かせの本を選ぶ時には、学校司書の力を借りている。教科指導に関連した図書を探してもらったり、公立図書館から借りてきた本から選んでもらっていた。学校司書の力を借りることで、担任一人の知識では届けられないさまざまな本を子どもたちにふれさせることができた。

④継続のための手だて

◆変化をもたせる手だて◆

毎日の慌ただしい生活の中でも読み聞かせを続けることは意味のあることだという認識や、その素晴らしさを実感できる結果があるからこそ継続が可能になる。読み聞かせを続けることによって、必ず子どもたちに変化が現れる。子どもたちのようすを見守ることで、自分自身が子どもたちと一緒に本を味わいたいと思うようになり、本を選ぶことが楽しみになってくる。

●表3－7　主人公の気持ちを考えた図書

書名	作者等	出版社
夕やけがくれたチュウ	宮川ひろ／作、関口コオ／絵	国土社
ベトちゃん、ドクちゃんからのてがみ	松谷みよこ／文、井口文秀／絵	童心社
ぼくのにいちゃん	星川ひろ子／写真・文	小学館
さっちゃんのまほうのて	たばたせいいち／作・絵	偕成社

また、読み聞かせの後に、好きなページを子どもたちと話し合ったり、主人公の気持ちを考えることもあった（表3－7）。本来は「読んで終わり」でよいが、このような変化をつけることによって、子どもたちに絵本をより強く印象づけることができ、本を読む視点を与えることにもつながっていた。

◆**いつも目にとまるように**◆

一冊目からの積み重ねが目に見えるように、教室に絵本の表紙のカラーコピーを掲示している（図3－2）。どんな本を読んでもらったか、何冊読んでもらったかが一目でわかる。表紙のカラーコピーのスペースがだんだん大きくなっていくのを見て、子どもたちは、

●図3－2　読み聞かせた本の表紙

うれしくなって絵本に対する表情が変わる。また、子どもたちが自主的に図書館から借りて読むためのヒントにもなっている。

⑤ 担任から子どもへ、子どもから保護者へ

◆保護者との信頼関係のもとで◆

担任と家庭とが連携・協力する姿は当然のことであるが、さらに、保護者は、子どもの心の成長やようすの変化に気づくことで担任や学校に信頼を寄せることになる。信頼関係は、子どもの成長にとって必要不可欠である。読み聞かせを継続することで、子どもの姿を通して学校と家庭とのつながりを深くできるようである。

◆自然な流れの中で、意図的に◆

子どもたちは、家にある本が読み聞かせで取り上げられると大喜びする。この時、担任は、保護者によい本を買ってもらったことを一緒に喜び、素晴らしい本は何度でも読むとよいことを知らせる。子どもたちは家で、再びその本を手に取ることになる。読み聞かせを続けるうちに、読み聞かせた本は、子どもたちを通じて各家庭へと広がるようになった。

たとえば、ある家庭から本を貸してほしいとの要望があった際に、返却時に添えられた母親の感想を、みんなの前で紹介したことがある。そうすることで、次第に各家庭に本の貸出が広がり、家庭で絵本を題材にした会話が、さまざまなかたちで繰り広げられるようになった。

さらに、家で買ってもらった本を学校へ持ってくるという逆の流れも起きてきている。もちろん、

そのような本はみんなに読み聞かせをしている。

また、「日頃、学校のことを聞いても『わからん』とか『わすれた』とか言う子が、印象に残った絵本のことを家に帰ってから一生懸命に話し出し、驚き、うれしかった」と知らせてくれる保護者もいる。主人公の気持ちを一緒に考えながら読み進め、自分の読み取った想いを一生懸命に話す子どもの姿に、わが子の成長を感じてくれたのだろう。

学校での読み聞かせが、家庭の団らんをつくり、家庭読書の関心を高める。市立図書館へ行ったり、新しい本を買ってもらったりする子どもが増えている。移動図書館バスからは、自分が読みたい本だけでなく、妹や弟のために本を借りる子も出てきた。きっと、家で自分が先生に読んでもらっているように、読んであげているのだろう。

⑥楽しみとしての読書が、学力の向上と心の栄養へ

読み聞かせの実践から、子どもたちそれぞれに、絵本の世界が広がっていった。読み聞かせてもらうことが大好きになると同時に、自分で読むことも好きになっていくのである。図書室から借りて読むことが、「よいことだから」とか、「ほめられるから」という理由ではなく、単に「好きだから」「新しいことがわかって楽しいから」という理由で、子どもたちは自然に図書室に行き、移動図書館バスを心待ちにするようになった。絵本を通じておのずと身についてくる読む力や感性が、コミュニケーションタイム（図3－1参照）での「話すこと」、作文の時間の「書くこと」などと互いに絡み合って、子どもたちの国語力は鍛えられていくことがわかった。

子どもたちの中に、読みたい、書きたいという気持ちをわき起こしたのが、読み聞かせであった。子どもたちが自分で本を選び、読み、考え、感じていくという活動が続く中で、書く力も確実に伸びていった。それだけではなく、読み聞かせは、人と人との関係の大切さを子どもたちの中に温かく育んでくれているように思う。本の主人公から学ぶもの、一緒に聞く友だちの考えや思いを聞くことから学んだことは、教え諭すどんなことばにもまして、子どもたちの心に他者への思いやりや愛などを豊かに育んできたようである。

このように育てられた豊かな感性や心は、子どもたちが自らの生き方を考え、これから人と人の間で、夢をもって生きていく力の源（エネルギー）になっていくと確信している。

実践例：４年生「朝の連続小説」

①朝の連続小説とは

「先生、今日は本を読まないんですか」「先生、お願いします」

うっかり授業を始めようものなら、このような読み聞かせを催促する子どもたちの声がとんでくる。「朝の連続小説」と銘打って、４月から毎日子どもたちに読み聞かせを行なってきた結果である。子どもたちは朝の連続小説を楽しみにして、今や生活の一部となっている。

朝の連続小説とは、『朝の連続小説』（杉山亮編著、仮説社）の本を参考に行なった実践である。毎日授業の前に読み聞かせをすると子どもたちは大喜び。「朝の連続小説」は子どもたちと本との出会いを演出し、学級の文化をつくり上げている。

◆実施方法◆

朝の連続小説は、その名が示すように、毎朝、読み聞かせを行なうものである。時間は5分間。タイマーで時間を計る。

「ピピピピ……」

タイマーが時を告げれば「続きは明日のお楽しみ」と終わるのである。一冊の本を少しずつ読む。「連続」と銘打っているので、やらないわけにはいかない。朝、時間がとれない時は、その日のうちに必ず時間の都合をつける。

読み始めると教室がシーンとなる。集まる子どもたちの視線、真剣な表情、笑い、歓声。子どもたちは毎日をとても楽しみにしている。

◆選書について◆

朝の連続小説は、5分間という短い時間である。しかし、毎日行なうことで膨大な時間となる。その時間をどう使い、どう生かすかが問題である。出会う本によって、子どもたちは大きく成長していく。その時どきの子どもたちのようすを見て、どんな本に出会わせようか考え、選んできた。その点について書いてみたい。

②まず本を好きになってほしい

最初の目標は、子どもたちが本好きになってほしいということである。本を好きになるためには、心を動かすような素晴らしい本との出会いが大切である。楽しくて、ワクワクする本と出会わせたい。私自身が本を好きになったのは、小学校5年生の頃である。父からプレゼントされた本と出会ってから、私は本の世界にのめり込んだ。朝の連続小説で読む本は、私がその当時、夢中になって読んだ本の中から選ぶことにした。まず自分自身がワクワクしながら、読み聞かせを行なう。そして自分がかつて味わったワクワク感を、子どもたちに伝えたいと願ったのである。

最初の連続小説に選んだ本は『海底二万里』(ジュール・ベルヌ著、今西祐行訳、集英社)である。ファラガット艦長は、船を沈める巨大な一角クジラを追って出航する。ある日、目前に「怪物」が現れる。いったい、「怪物」の正体は何か? 次から次へと起こる事件の数々。不思議な海底の世界。深まる謎。子どもたちはまずこの物語の舞台に魅了された。まるでテレビの連続アニメを楽しみにしているような雰囲気である。この本は、外国の名作本を中学年向きに翻訳したシリーズである。本校の図書室にはこのシリーズの本が何冊もある。子どもたちはこの本をきっかけに、このシリーズを次から次へと読むようになった。

③学級経営と絡めて

4年生というと、そろそろ自我が目覚めてくる頃である。ふだんまじめな子でも、時にはとんでもない失敗やいたずらをすることがある。そしてそんな自分に気づく頃でもある。天使と悪魔。プラス思考とマイナス思考。人間の中にはその両面がある。そしてその両方とも自分なのである。

『ジキルとハイド』（R・スチーブンソン著、原田友子訳、金の星社）は、そんな人間の中にある二面性をわかりやすく伝えてくれる物語である。この二つの自分に気づきつつある子どもたちに、学級経営と絡めて、この本を2冊目に選んだ。

ジキル博士は、一人の人間の良い面と悪い面とを分け、どちらにでも変身できるという恐ろしい薬を完成させた。自分の中にある二面性を意識しながら、そのどちらかを選んで、日々私たちは生きている。日常の生活あるいは、大人の自分にも当てはまる奥の深い話である。

学級内で問題が起こると、この物語と絡めて次のようにさまざまな話ができた。

「ジキル博士は、薬によって変身した。私たちは、その時どきにどちらを選ぼうかという自分の心によって変身するんだよ」

「悪のハイドは、その時は楽しい。しかし後で、深い後悔が待っている」

「ジキル博士でいることには努力が必要だ」

「失敗は自分のすべてが悪いのではなく、悪い面を選んでしまったことが原因だ」

「今の君たちはジキル？　それともハイド？」

どの子も本当に悪い子はいないし、本当にだめな自分はいない。大切なのは、どちらを選んで生きていくかということ――そんなことを子どもたちはつかんでいった。子どもたちはこの読み聞かせを本当に楽しみにしていた。それと同時にこの物語によって、子どもたちの心は大きく成長した。

④どんどん本の世界へ

この頃になると、子どもたちはどんどん本を読むようになっていった。しかし、あいかわらず、1か月に2、3冊しか本を読まない子も数名いた。その子どもたちに共通していえたのは、絵本や写真の多い百科事典などは手に取って見ているが、長い物語は読まないということであった。根気が続かないのである。そこで、その子たちのために読もうと思った本が『きまぐれロボット』（星新一著、理論社）である。

この本は、一冊の中に31ものショートストーリーが入っている。一つを読むだけでも、十分満足感が得られる。また読書の好きな子にも楽しめる内容で、私自身、中学時代、星新一の本はずいぶん読んだ。一度魅了されてしまうときりがない。とても魅力的な本だ。

朝の連続小説は、5分間でだいたい一話が終わる。最初は、反応が少なかったが、何日も読み続けるうちに、子どもたちもこのショートストーリーの魅力に引き込まれていった。図書室にあった星新一シリーズがいつも貸出状態になったほどである。

この本は、あえて全部読まずに、途中でやめた。「この本を読みたい人？」問いかけると、クラスのほとんどの子が手をあげた。本の苦手な子も手をあげている。「先生とじゃんけんで勝った人から読めます。最初はグー……」。私のクラスでこの本は、順番待ちの人気本となっている。

◆細かい字の本に挑戦◆

２学期に入り、どんどん拡がる子どもたちの読書の世界。しかし子どもたちの読む本をみていると、新しい本、きれいな装丁の本、字の大きな本に向かう子どもたちがまだ多かった。

この子どもたちに、字も細かくむずかしそうな分厚い本でも楽しい本があることを理解させたいと思った。そこで選んだ本が『怪人二十面相』（江戸川乱歩著、ポプラ社）である。この本は厚いし、字も小さい。文章も少々古めかしい。後書きを見てみると、初版は戦前に書かれたものである。最初はむずかしいことばや今の時代に合わないようなところがたくさんあるので心配した。しかし、読み聞かせを始めると、それが取り越し苦労であることがわかった。特に、第一巻は二十の顔をもつ「怪人二十面相」の登場と、小林芳雄少年の華麗なる推理対決が描かれている。次つぎと展開される事件に息を呑み、二十面相の仕掛けるトリックを探偵さながらに子どもたちは推理した。そして、同じような年頃の小林少年の活躍に子どもたちは胸をワクワクさせ、拍手喝采であった。

この本の読み聞かせは、毎回大いに盛り上がった。展開が次つぎと変わるたびに、子どもたちの表情が変わる。読んでいて楽しい。さながら紙芝居屋のおじさんになったような気分であった。クラスでは、『怪人二十面相』がブームとなった。それは、学校司書が市立図書館から借りてきた５冊のシリーズ本が、いつも貸出中、順番待ちになっていたことからもうかがえる。また、学校では借りられないと、市立図書館まで借りにいった子どもたちが何人もいたほどである。

この読み聞かせをきっかけに、細かい字の本に挑戦する子どもたちがどんどん増えていった。

◆新しいジャンルに挑戦◆

2学期の後半になると、子どもたちの読書量はどんどん拡大していった。しかし、その読書内容は物語が多く、偏りが気になってもいた。そこで新しいジャンルである伝記に挑戦することにした。選んだ本は『ヘレン・ケラー』（砂田弘著、ポプラ社）である。

今まで物語ばかり読んできた子どもたちにとって、本当に実在した人、本当の話をもとに書かれているこの本は、とても新鮮だったようである。目が見えず、耳も聞こえない。さらに、話すことができないのに、編み物ができるようになり、ことばを獲得していく。やがて自分の気持ちを手話や文字で伝えることができるようになる。わがままだったヘレンががまんすることの大切さを知り、心も成長していく。一つひとつの出来事に、子どもたちは目を丸くし、驚き、そしてわがことのように喜んで聞いていた。この本は今、読み聞かせの最中であるが、大人になって、ヘレンがどういう人生を歩んでいくのか、子どもたちはとても楽しみにしている。

ノンフィクションは、大人にとっても学ぶことが多い。先人の生き方や考え方を通して、自分の生き方をふり返ることができる。この新しいジャンルの読み聞かせが、子どもたちの将来の読書、生き方を探る読書につながり、豊かな人生を送るきっかけになればと願っている。

⑤実践をふり返って

今までの実践をふり返ると、教師の影響の大きさに驚かされる。読み聞かせを行なうことで、子どもたちはそのジャンルの本に飛びついてくる。そして読書の幅が拡がっていき、時にはクラスでのブームにまでなる。読み聞かせは学級の文化や風土をつくるとは、言いすぎであろうか。しかし、そう言いたいほど、読み聞かせは影響力が大きい。クラス全員が同じ本の話題を共有し、話ができる。主人公の生き方を話し合える。本当におもしろい。しかし、ここで大切なのは、どの本を読むかということである。その時どきの子どもたちの成長やようすを見て、本を選ぶということが、私たち教師の大切な役目であると感じている。うまくいけば、読み聞かせによってクラスを育てていくこともできる。これをねらいすぎてもいけないが、読み聞かせのもつ大きな可能性の一つであると実感している。

最後に、この実践の感想をある子は次のように語っている。

みんなは本が好きです。でも、もっと好きになるように先生は毎日5分間、『怪人二十面相』などを読んでくれます。いつもいいところで終わるので、楽しみです。本はこわいところやおもしろいところがあるのでとても大好きです。これからもおもしろい本をいろいろ読んでいきたいです。

子どもたちをこのような気持ちにする「朝の連続小説」を生活の一部として今後も続けていきたい。

❀「読み聞かせ」の実践を通して（笹倉）

最近、全国の小学校で読み聞かせの実践が頻繁に行なわれるようになった。本書の読み聞かせの実践から、読み聞かせの留意点について述べたい。

■読み聞かせを学校全体で取り組む

学校における読み聞かせを図書ボランティアだけに依存せず、学校全体の教職員で取り組むと、児童の読書意欲が向上していく。学校の中で興味・関心がある教職員だけの実践であれば、学年が上がり、学級担任が替わると、児童の読書意欲が後退することもある。この意味で、串小学校の実践は学校全体の取り組みとして価値がある。

■読み聞かせなどの読書活動を教育課程内・外に明確に位置づける

読み聞かせなどの読書活動は、意図的・計画的・継続的な実施が望まれる。朝の読書や読み聞かせなどの読書活動を教育課程の内外に位置づけておくと、継続的な読書活動が可能になる。串小学校の実践でも読書タイムの設定や継続的な読み聞かせの工夫が随所にみられる。

■読み聞かせは選書で決まる

読み聞かせでもっとも大切なのは選書である。子ども時代は短いので、評価が高く中身が充実した本と出会わせたい。選書については、司書教諭、学校司書、図書館司書らが中心となり、時には児童や保護者が参加して選書会ができれば理想的である。選書会では、できるだけ現物を用意し、全員で検討していくことが大切である。また、各学年で出会わせたい本をリストアップし、学校独自のブッククリストを作成したい。巻末の資料にあるように、学校ごとに年次入れ替えながらブッククリストを作成してほしい。

■読み聞かせの「よさ」を見直す

読み聞かせのよさは何かを考え直したい。
・読み聞かせは、耳からの読書であるからお話に集中できる。
・読み聞かせは、2、3歳上のレベルの本でも聞くことができる。
最近、図書ボランティアなどの読み聞かせで、子どもたちの受けねらい（子どもたちが声を出して喜ぶなど）を気にした実践が目につく。何よりも中身が充実した選書を心がけるべきである。時には、子どもの発達段階を少し超えたような本にも挑戦したい。串小学校のように、「朝の連続小説」などの読み聞かせにより、中身があって奥の深い本にも挑戦する子どもが増えていけば素晴らしい（小学校3、4年生で岩波少年文庫に挑戦するような子どもが出てきてほしい）。

■読み聞かせの技術の向上

学校における読み聞かせは、学級の子どもたちに対して実施するのであるから、それだけに技術の習得や資質向上が大切である。そのためには、定期的に読み聞かせの研修を実施すべきである。また、読み聞かせのオーソリティに指導が受けられるような手だても必要である。教師としては、「水は高いほうから低いほうへ流れる」ように、より高い水準の読み聞かせを習得し、子どもたちに実践することを心がけてほしい。

2. 聞かせ読み――みんなで読もう

◆「聞かせ読み」とは◆

「聞かせ読み」とは、全員が同じ本を持ち、教師の読みを耳で聞きながら、指でなぞったり、目で追ったりして読む読書である。国語の教材の範読や、道徳の資料を配って読む場合など、日常的に行なわれている方法である。これを読書活動に取り入れたのが、本校の「みんなで読もう！　この一冊」の取り組みである。

「聞かせ読み」のようす

◆なぜ「聞かせ読み」が必要なのか◆

自分一人では手に取らない本でも、読んでもらうことで興味がわいてくる。自分の読書力より少し上のものでも、目と耳と指で読むことで頭の中に情景が浮かび、その内容を味わうことができる。これによって、子どもたちがさまざまな本に出会い、読書の幅を拡げることができるし、読書量の少ない子どもも読書の楽しさを味わうことができるのではないかと考えた。

低学年では、絵本からなかなか抜け出せない子どもたちに「聞かせ読み」をすることで、幼年童話へのスムーズな移行ができるという利

みんなで読もう！　この一冊

点もある。
また、耳で聞くだけでは聞き流してしまうことばも、目で確認しながら聞くことで頭の中にとどまる。よりことばに敏感に、イメージ豊かに読み味わうことができるという点からも「聞かせ読み」は有効である。

◆選書にあたって◆

「聞かせ読み」をする本は、全員が1冊ずつもっている。選書にあたっては、学年によって、国語科との関連や、幅広いジャンルのものを、という観点から選んでいる。

たとえば、以下のようなものである。

1年生：『こころにのこる1ねんせいのよみもの』（長崎源之助監修、学校図書）
教科書教材と関連した読み物が含まれていることから、子どもたちが興味をもって読むことをねらった。また、素晴らしい読み物が集められていることから、目と耳と指で読むのに適している。

2年生～4年生：『イッキによめる！　名作選』（齋藤孝編、講談社）
ふれたことのない作者、いろいろな時代、いろいろなジャンルの本に出会えることで幅広い読書の世界を楽しめる。中には学年の読書力より少し上のものもあるが、目と耳と指で読むことで十分内容を味わうことができる。
5年生：『月の輪グマ』（椋鳩十作、ポプラ社）
6年生：「宮沢賢治童話集」（講談社）から『風の又三郎』と『注文の多い料理店』
国語科の学習と関連させ、自分ではなかなか手に取らない本を読むことと、作家をよりよく知る手助けとなることをねらった。また、6年はあえて2クラスが別の本を選ぶことで、本を交換して、子どもたちがより多くの作品に出会えるようにした。

◆「聞かせ読み」の進め方◆

朝のチャレンジタイム（15分間）のうちの火曜日と木曜日の「ことば広場」（図3-1参照）の時間を使って、担任が行なっている。1年生では、指読みをしていてもついてこられない子どもたちがいるので、ページをめくった時に声をかけ、確認しながら読んでいる。4年生以上では読みの力がかなりついているので、子どもたちは指読みはせずに、文字を目で追いながら聞いている。6年生では、自分のペースで読みたい子どもたちが多いので、途中まで担任が読んで、残りは自分で読むという方法をとっている。

◆子どもたちの反応◆

どの学年の子どもたちも「聞かせ読み」は大好きである。途中でやめると続きを読んでほしがる。読んでもらった後、繰り返し自分で読んだり、家に持ち帰って家の人に読んでもらう子どもたちもいる。「聞かせ読み」を待てずに、どんどん先を読み進めたり、「聞かせ読み」をした作家の本を図書室

作品の中の宮沢賢治をさがそう！

で探して読んだりと、どの学年でも意欲的に読書に取り組む姿がみられた。

◆「聞かせ読み」からの発展◆

1節でも述べたように、本校では、1学期に毎朝、6年生が1年生に対して読み聞かせを行なっている。2学期には、ブックトークも行なった。そのお礼として、3学期には、「聞かせ読み」をした作品の中から1年生が音読発表をして、「こんなに上手に読めるようになったよ」と、6年生に聞いてもらった。

また、6年生は、「作品の中の宮沢賢治をさがそう！」というテーマで、各自がおすすめの作品を選び、キーワードを決めて本を紹介し合うということも行なった。これによって、さらに深く宮沢賢治を知ることができた。「聞かせ読み」を行なった本は、個人購入の本であるため、心に残ったことばや文に線を引いて、読み終わった後、感想を交換している姿もみられた。

また、家に持ち帰って親子で読み合ったり、他の学年の『イッキによめる！名作選』を購入した家庭もあり、親子読書の拡がりにもつながった。

実践例：3年生「みんなで読もう！　この一冊」から

①「聞かせ読み」を始める前に

まず、『イッキによめる！　名作選』（齋藤孝編、講談社）を全員分購入し、子どもたちに渡したところ、「自分の本だ」と大喜びであった。さっそく名前を書き、折り癖をつけた。どんなお話が入っているのか興味津々で目次を開くと、「さくらももこ知ってる！」とか、「これ一番最初に読みたい！」などのことばが次々と出てきた。

「聞かせ読み」をする前に、「目と耳と指で読む」ということを確認した。「指の先にも目がついているよ。指の目を用意して」と言うと、子どもたちは本の上に指を置き、真剣に聞きながら目と指を動かしていた。

「イッキによめる！　名作選」との出会い

また、この本の最初に書かれている「この本の読みかた　三か条（気に入ったセリフは、声に出して読んじゃおう！　頭のなかで、文章を絵にしてみよう！　読みおわったら、だれかにあらすじを話しておぼえちゃおう！）」というよびかけも子どもたちを惹きつけるのに効果があった。

②一つのお話は継続して

「ことば広場」（図３‐１参照）の時間を使って「聞かせ読み」を続けている。短い話の時はいいのだが、長い話の時は途中で切って日を空けてしまうと興味が続かない。そこで、他の曜日のチャレンジタイム（「かず広場」や「コミュニケーションタイム」）の時間も使って、できるだけ一つのお話は継続して一気に読むようにしている。

③全体を見渡しながら

「聞かせ読み」をする際に心がけたのは、全員がお話の世界に没頭しているか、絶えず全体を見渡しながら読み進めるということである。『イッキによめる！　名作選』の中には、３年生にはむずかしいと思われる作品がいくつか入っている。指が止まっている子がいたら、さりげなく読んでいるところを指し示したり、むずかしいことばには簡単に説明を加えながら読んでいった。

指読みをする子どもたち

④子どもたちの反応

子どもたちは、「次、これ読んで」と選んだり、「次の題のところまで読んで」と言ったりして「聞かせ読み」を楽しみにしている。中でも興味のあるお話は、「聞かせ読み」を待たずにどんどん読み進めていた。それでも「聞かせ読み」をすると、一度その本を読んでしまった子も真剣に聞き入っていた。むずかしいことばも、目と指で確認しながら聞くことで抵抗なく頭に入り、自分で読んだ時よりも、よりイメージをふくらませて内容を味わうことができたようである。

『イッキによめる！　名作選』の中で、「名探偵登場」（はやみねかおる作）は、もっとも人気のあった作品の一つである。この作品の「聞かせ読み」を機に、はやみねかおるの著書（「パスワード」シリーズや「名探偵」シリーズ）をどんどん読み進める子どもたちが出てきた。今まで文庫のコーナーに行かなかった児童が、文庫に手をのばすようになり、読書の幅が拡がったのも嬉しい効果であった。落語「時そば」は、最初は、意味がよく理解できない子どもたちもいたが、簡単に解説を加えるとおもしろがり、他の落語絵本を学校図書館から借りてくる子どもたちが何人も出てきた。「よだかの星」（宮沢賢治作）は3年生には少しむずかしいかと思われたが、よだかの悲しみをしっかり受け止めて、読書日記（1週間に1度、心に残った本の感想を書く）に書く子どもたちも現れた。

掲載されている中で一番長い「杜子春」（芥川龍之介作）は、ちょうど研究発表会の公開授業前のチャレンジタイムで読むことになった。たくさんの人が教室に出入りしたり、廊下を通ったりしたが、そちらに気を取られることはなく、全員が集中して聞くことができた。時間がきても「もっと聞きたい」と言い、休み時間も使って（30分近くかけて）、クライマックスの部分を一気に読みきった。むずかしいことばには横に小さく解説が書き込まれているため、ほとんど説明を加えず、一気に物語の世界を味わったのがよかったようだ。最後に、馬にさせられた杜子春の母親が「おまえさえしあわせになれるのなら……いいたくないことはだまっておいで」と言い、杜子春がたまらずに「お母さん」

と叫ぶ場面で、その日の「聞かせ読み」を終えたのだが、読んでいる教師も聞いている子どもたちも、一体となってしばらく余韻に浸った、とても幸せなひと時であった。

⑤家庭とともに

『イッキによめる！　名作選』を全員に購入する際、保護者に趣旨を伝えたのだが、その後の保護者へのアンケートで、「子どもがとても喜んでいる」「家庭で一緒に読んでいる」という感想があがった。親子で公共図書館に行くようになったり、本をせがまれて購入するようになったりした家庭もある。学校での読書活動の取り組みに対しては、どの家庭も好意的である。これからも家庭とともに、読書の輪を拡げていきたい。

子どもたちには、今後も「聞かせ読み」を継続して、いろいろなジャンルの本に出会わせたり、読書の楽しさを味わわせたりして、もっともっと本が好きになるようにはたらきかけていきたい。そして、幸せな子ども時代の素晴らしい思い出づくりのお手伝いを続けられればと思う。

⑳「聞かせ読み」の実践を通して（笹倉）

聞かせ読みということばは、一般的に認められたものではない。しかし、子どもたちが絵本などの読み聞かせから幼年童話などに移行していくには、聞かせ読みの実践が効果的である。中には、聞かせ読みをしなくても奥の深い本へと進んでいける児童もいるが、分厚い本や細かい字の本に抵抗のある児童が多いのも事実である。このような児童に対して、聞かせ読みはたいへん効果的な取り組みである。

■聞かせ読みをいつするか

聞かせ読みは、できるだけまとまった時間が確保されていることが理想であるが、なかなか学校の中ではそのような時間を確保するのはむずかしい。だから聞かせ読みをする本の内容によって、教科等の時間を割いて確保することが考えられる。もう一つは、継続的に読書タイムなどを活用して実践していく方法である。できれば一か月に1、2冊の本の聞かせ読みができればと思う。

■聞かせ読みができる本の準備

聞かせ読みは、児童の全員に読み聞かせる本を手渡し、読んで聞かせる活動である。そのため、複本をどれだけ準備できるかという問題がある。各学校ではなかなかクラスの児童数だけ本を揃えるということはむずかしい。そういう場合は児童二人に対し一冊でもよい。

日本の学校図書館の現状では、複本を2、3冊揃えることはできるが、10冊以上となると困難である。そこで、各市町に学校図書館支援センターを設置し、複本を準備できるような体制がもっとも望ましい方向であると考えている。串小学校では、個人購読も実施しているが、できれば学校や学校図書館支援センターで複本の蔵書管理ができるようにしたい。

■聞かせ読みと読書交流会

聞かせ読みをした後には、できれば読書交流会を実施したい。子どもたちがその本を読んでどのように感じたかを発表し合うのである。読書交流会の方法は、本章6．にもあるので参考にしてほしい。

従来、日本では読んだ本の感想を聞いてはいけないというタブーのようなものがあった。しかし、海外の学校における読書教育では、むしろ子どもたちが読んで感じたこと、自分が言いたいことを自由に発言できる場を設けるほうが自然である。そのことにより、自分以外の友だちの本に対する理解を知ったり、自分との感じ方の違いに気づいたりすることはきわめて大きな意味がある。本の内容を一面的にとらえるのではなく、友だちと意見を交換することによって、多面的な理解があることを知ることが、奥深い読みにつながるのである。

3. ブックトーク——ぼくらもブックトークを

子どもたちの活字離れが激しいということをよく耳にするが、本来、子どもは本が大好きである。本にふれる機会が少ないため、食わず嫌い（読まず嫌い）になっているだけのことであって、こちらから本のおもしろさを伝えれば、とびついてくる。

読み聞かせは、子どもを読書へ導く強力な方法であるが、本のおもしろさを紹介する読み聞かせ以外の方法として「ブックトーク」がある。ブックトークとは、あるひとつのテーマに沿って何冊かの本をトークでつなぐ方法であり、たくさんの本を子どもたちに一気に紹介することができる。また、子どもたちは、ふだんあまり読まない分野の本の紹介を聞くことで、自分の知らなかった世界があることにも気づくことができる。ブックトークを終えた後、紹介した本を手に取る時間をとるのだが、子どもたちは必ずといっていいほど本に群がってくる。それだけ本そのものに魅力があるのである。

本校では、子どもたちによるブックトークの活動も実践している。子どもがブックトークをする際には「テーマに基づいた本を選ぶ力」「紹介する本を要約して、相手にわかるようにまとめる力」「本と本をつなぐことばを考える力」といった構成力が求められる。今まで、国語科や全教育活動で培ってきた力が要求される活動である。

実践例：6年生「1年生にブックトークを」

①1年生との交流活動

本校では「小さい子とのふれあいを通して思いやりの心を育んでほしい」という思いから、毎年1年生と6年生のふれあい活動を続けている。4月から数か月、朝の読書タイムに6年生が1年生の教室に行って、本の読み聞かせをしたり、紙芝居をしたりする活動を輪番で行なっている（本章2・）。

1年生に紙芝居をする6年生

初めは戸惑っていた6年生だったが今では休み時間も一緒に遊ぶ姿がみられるほど、よい関係がつくられている。そんな中、1年生の担任から「子どもたちは本が大好きなのだが、読む本の傾向が偏ってきている」という話を聞いた。これまで読み聞かせを続けてきたこともあり、国語科の学習も兼ねて「6年生が1年生にブックトークを通して本のおもしろさを伝えよう」ということになった。

②ブックトークについて知る―担任によるブックトーク―

ブックトークを行なうにあたり、「ブックトークとは何か」を6年生の子どもたちに伝えることから始めた。まず、自分たちのゴール、つまりブックトークの模範演技を6年生に見せることにしたのである。担任がブックトークを行なうのだが、それには、担任が低学年向きの本について知らなければならない。そこで、図書室の本をじっくり調べてみることにした。すると、意外とおもしろそうな本がたくさん見つかったのである。

「この本を1年生の子どもたちに紹介したいな」という思いで探すと、あっというまに数十冊の本の山ができた。その中から、一つのテーマに沿って本を探した。ちょうど秋口だったので、「さつまいも」をテーマにしたブックトークをすることにした（図3－3）。

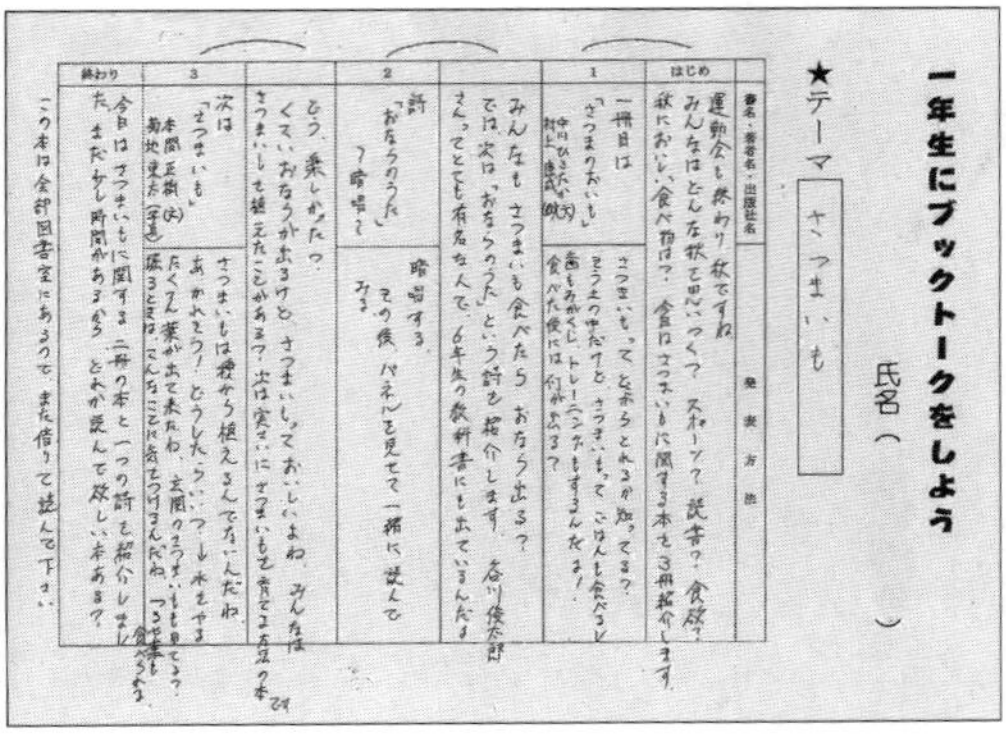

●図3－3　教師が用いた構成メモ

この実践をするにあたり、筑波大学附属小学校の青山由紀教諭の実践（『子どもの豊かさに培う共生・共創の学び』東洋館出版社）を参考に、同氏の用いたワークシートを活用した。

テーマ「さつまいも」に沿って選んだ本をワークシートに書き、本と本をつなぐことばをいろいろと考えながら構成していくのだが、これが実におもしろい。自分自身楽しみながらブックトークの構成を考えていくことができた。

こうして、いよいよ6年生にブックトークをしたのだが、子どもたちには最初「本を何冊か紹介するね」とだけ言って始めた。1年生向けの絵本や詩なので、最初は「何でこんな本？」と戸惑っていたが、15分間を終えた後はすっかり本の世界にのめり込んでいた。

ブックトークを終え、子どもたちに気づいたことを聞くと

・おもしろかった
・15分って聞いて、ビックリした（短かった）
・いろんな種類（物語、詩、科学読み物）の本があった
・読んだことのある本が入っていた
・3冊紹介したけど、何だか一つのこと（テーマ）に沿っていた気がした

といった意見が出た。そこで、今回のブックトークの話を6年生にすると「ぜひやりたい！」ということになった。また、今回紹介した本は一つのテーマに沿っていることを伝え、その構成メモ（ワークシート）を見せたところ、おぼろげながらブックトークというものについてイメージ化ができたよ

うであった。

③ブックトークの構成を考える

◆グループづくりと時間枠◆

本番の6年生と1年生の人数を考慮して、紹介する側の6年生を3人1組の10グループに分けた。

また、チャレンジタイム（15分間＝1モジュール（1M））に同時に各グループがブックトークを行なうことにし、時間内に紹介する本は多くても3冊程度とした。

◆本を選ぶ◆

次に、テーマに沿った本を選んだ。中には、先に本を3冊選んでからテーマを考えるというグループも出てきた。

学校司書にアドバイスをもらう

ここで、たいへんお世話になったのが、学校司書である。6年生が紹介したいと思っても、1年生にとってその本はむずかしすぎないかを見てもらったり、どんな本を選んでいいのかわからないといったグループにアドバイスをしてもらったりした。

◆ブックトークの構成◆

本も決まり、いよいよテーマに沿って本をつなげていくという構成を考える段階になった。

ブックトークのむずかしいところは、紹介する本をテーマからはずれずに、どうやってスムーズにつなげていくかということであろう。本を要約して伝えることよりも、初めにどうやって話に引き込んでいくか、本と本とをどうつなぐかということが、ブックトークの成否の鍵となる。1年生に弟妹のいる子に話を聞いたり、休み時間に1年生との遊びを通してふだんのようすを調べ、導入のことばや、本と本をつなぐことばを考えていった。

あるグループは、「きかい」というテーマで3冊の本を選んだ（表3－8）。1年生の国語に「じどう車くらべ」（光村図書）という教材があり、スムーズに話に入っていけると考えたのである。

ところが、いざ紹介する本を読み込んでいくと、いくつかの問題点にぶつかった。たとえば、『ロ

●表3－8　最初に選んだ紹介する本

テーマ	書名	作者等	出版社
きかい	ロボットのくにSOS	たむらしげる／作	福音館書店
	いろいろな自動車	海老原美宜男／監修	国土社
	あつまれ！　はたらくじどうしゃ	関口猪一郎／文・絵	小峰書店

ボットのくにSOS』という本は、漫画のようなコマ割りの形式になっているため、紹介する際に1年生ではどのコマを見ていいのかがわからないということ。また、『いろいろな自動車』と『あつまれ！　はたらくじどうしゃ』は、両方とも図鑑形式で同じようなジャンルの本になってしまい、いろんなジャンルの本にふれさせたいというねらいからはずれてしまうといったことである。

そこで1年生の先生や学校司書に相談して、思い切ってテーマを変えることになった。ちょうど季節は持久走大会などで汗をたくさんかく時期だったので、「おふろ」というテーマにして本を選び、構成しなおした（表3-9）。

このようにして、各グループともに構成の段階でブックトークの内容を何度も練りなおした。

④ブックトークをやってみよう　1

構成をしっかりと立て、いよいよブックトークのリハーサルを始める。

まず1年生に見せる前に、6年生どうしでグループをつくり、互いのブックトークを見合うことから始めた。聞く観点として、図3-4のような項目をあげて、アドバイスを出し合った。実際に相手を前にしてやってみると、「本が見づらい」「目線の高さが合わない」「ブックトークでなく、読み聞かせになっている」といった反省事項がたくさんあがった。

これらをふまえて、ついに1年生にリハーサルとして一回目のブックトークを行なうことになった。この時の相手は、4月から交流しているクラスではなく、別のクラスの1年生であった。1年生相手に初めてのブックトークとあって、紹介するほうもされるほうもとても緊張していた。あっというま

●表3－9　構成しなおした後の紹介する本

テーマ	書名	作者等	出版社
おふろ	おふろだいすき	松岡享子／作、林　明子／絵	福音館書店
	ぽっかぽかだいすき　おさるさん	福田幸広／文・写真	ポプラ社
	ものぐさトミー	ペーン・デュボア／文・絵、松岡享子／訳	岩波書店

構成を練るようす

の15分間だったが、両者の距離が縮まらないままに終わったグループが多かった。

VTRでそのようすをふり返り、次のような感想があがってきた（中にはうまく1年生を引きつけているグループもあった）。

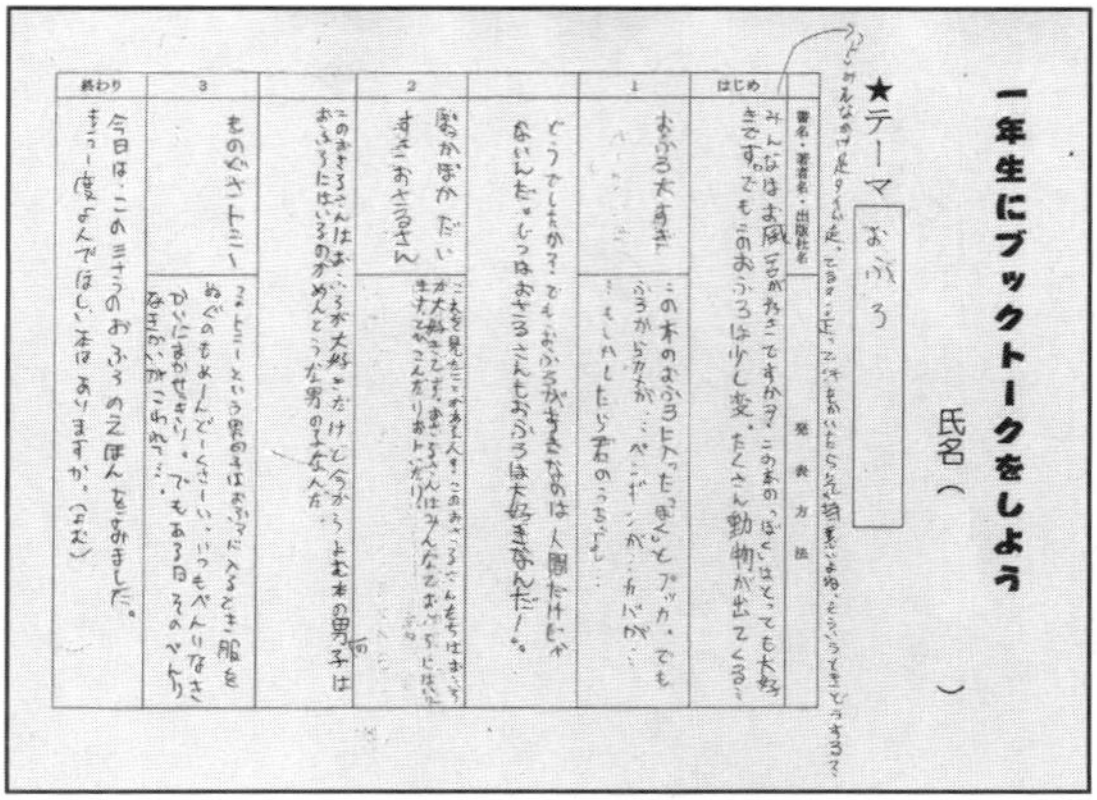

児童が用いた構成メモ

- 相手意識
  - 本の見せ方
  - 話し方
  - 次の本へのつなぎ方
  - 表情
- 1年生の反応
- 紹介する本はふさわしい本か

●図３－４　ブックトークの関点

交流クラスではない１年生にブックトークを行なうようす

僕は今日一年生にブックトークをやってみて、やる前は「自分たちで盛り上げていくぞ！」という気持ちだった。でも実際にやってみると、自分のことで精一杯で、場をなごませることはできませんでした。初めは本が悪いのかな？　と思っていたけど、本のせいではなく自分たちの話し方や引きつけ方が悪かったから、一年生も盛り上がらなかったのだと分かりました。次回は、一年生がみんな楽しんで盛り上がってほしいです。

私は一年生にブックトークをする前は「お互いに楽しめたらいいな」と思っていたけど、実際にやってみると、とても緊張しました。表情も暗かったし、早口だったと思いました。○○さんのグループは、うまく一年生を引きつけていて、お互いの距離がとても近かったです。次は私達もがんばりたい。

◆本時指導案◆

前述した通り、グループは10個つくったのだが、本時は時間の都合から前半、後半の2回に分けて行なった。図3-5は、後半の4グループの活動案である。

●図3-5 ブックトークの活動案

第6学年　読書活動案

1 ねらい　ブックトークを通して、さまざまな本のおもしろさを伝えることができる。
2 活動名　1年生にブックトークをしよう
3 児童の選択した図書

テーマ	書店等	作者等	出版社
おふろ	『おふろだいすき』	松岡享子/作、林　明子/絵	福音館書店
	『ぽっかぽかだいすき　おさるさん』	福田幸広/写真・文	ポプラ社
	『ものぐさトミー』	ペーン・デュボア/文・絵、松岡享子/訳	岩波書店
オオカミ	『おおかみのでんわ』	せなけいこ/作・絵	金の星社
	『あっ、あぶない!』	コリン・マクノートン/作、オーシロ笑美/訳	ほるぷ出版
	『くった　のんだ　わらった』	ポーランド民話、内田莉莎子/再話	福音館書店
ベッド	『旅するベッド』	ジョン・バーニンガム/作、長田　弘/訳	ほるぷ出版
	『そらまめくんのベッド』	なかやみわ/作・絵	福音館書店

	『かえるくんのたからもの』	田中章義／作、とりごえまり／絵	東京新聞出版局
かぞく	『ぼくのおかあさんはでぶだぞ』	そうまこうへい／作	架空社
	『おとうさんが　おとうさんになった日』	長野ヒデ子／作	童心社
	『うちのなまくらさん』	ポールジェラティ／作、せなあいこ／訳	評論社

4　活動計画［チャレンジタイム：6M（45分）＋課外］
・ブックトークについて知ろう　〔2M（15分）〕
・計画をたとよう①
　（テーマを決め、テーマに適した本を探す）　〔課外〕
・計画をたてよう②
　（ブックトークの準備をする）　〔2M（15分）〕
・**ブックトークをしよう**
　（1年生にブックトークを行なう）【本時2／2】　〔2M（15分）〕

5　準備
各グループがテーマに沿って選択した本

6　本時の展開

配時（分間）	活動の流れ	支援（○）と評価（★）
15	1　1年生と6年生がグループをつくり、ブックトークを行なう ・各グループのテーマ 「おふろ」「オオカミ」「ベッド」「かぞく」	○1年生の輪の中に入って、一緒に本を読んだり読み聞かせをするなどして、和やかに過ごせる雰囲気をつくるよううながす
	2　時間があれば、紹介した本を読み聞かせする	★ブックトークを通して、本のおもしろさを1年生に伝えられたか

⑤ブックトークをやってみよう　2　ー本時のようすー

いよいよ当日。「本当にうまくいくのだろうか」「この前みたいに、1年生のノリが悪かったらどうしよう」と、どのグループも不安を抱えて臨んだブックトーク本番である。

ところが、その不安は一掃される。相手は4月から読み聞かせなどを通してずっとふれあってきた

ブックトークのようす

クラスだけに、教室に入ってきた時から非常にスムーズなのである。ブックトークが始まる前から、お互いに気軽に声をかけ合っているので緊張もほぐれ、とてもいい雰囲気の中でブックトークが始まった。

前回の反省点をふまえ、各グループともよく練習しており、きちんとした相手意識をもち、1年生のようすに余裕をもって対応できていた。6年生に余裕があるから1年生もどんどん話に引き込まれていく。3冊目を紹介し終わる頃には、あちこちから「この本、もう1回読んで！」という声が聞こえていた。

本活動を終えて、次のような感想があがった。

私は後半のグループなので、今日は前半の人のブックトークを見ていました。○○さんのグループは、一年生を思いっきり引きつけていました。一年生は虫が好きなので、このテーマはいいなぁと思いました。次は私達の番なので、がんばりたいです。

今日はブックトークの本番でした。今まで練習してきたことを、フルに活用する時でした。ブックトークが無事に終わり、正直とても良かったです。一年生のノリもいいし、楽しそうだったし、「やって良かったな」という気持ちになりました。このブックトークを通して、一年生が本を好きになってくれたらいいなと思います。

⑥本活動を終えて

本活動を終え、1年生との関わりもグッと深くなり、6年生が紹介した本は「いつ借りられるのか？」と順番がつくほどになっている。また、1年生が読む本の幅も少しずつ拡がってきている。

6年生はブックトークで培った「短く要約して伝える」という学習が生かされ、国語科のスピーチ活動などでは「まず相手をつかみ（導入）」「伝えたいことを短くまとめて伝え」「まとめる」といった流れがスムーズに行なえるようになってきた。

ブックトークを終えて、「本の楽しさを知った」という子が多くみられた。食わず嫌い（読まず嫌い）になるのではなく、読み聞かせやブックトークでいろいろな分野の本を紹介する機会をつくったり、身近に本が手に取れる環境をつくることで、確実に本好きの子どもたちが増えることがこの実践から予想される。

❀「ブックトーク」の実践を通して（笹倉）

ブックトークということばはよく知られているが、学校の中で実践する先生はきわめて少ない。それは、ブックトークの意義や方法が十分に理解されていないためである。串小学校では、先生だけでなく児童のブックトークもあり、とてもユニークな試みである。

ここで紹介した児童のブックトークは、あくまで学習の広がりとして、また特定のテーマに興味・関心がもてるという意味で効果的である。特に児童によるブックトークの実践が主に述べられているので、その観点から気づいた点を述べたい。

■ブックトークのモデル(模範)を示す

児童にブックトークを指導する時は、理論的な説明より、素晴らしいブックトークの実践を見せることが大切である。先生がブックトークの実践を示したり、ビデオなどで専門家の実践を見せたりすることで、児童がブックトークのイメージをつかむことができる。

■ブックトークのねらいを明確にする

何のためにブックトークをするのか、そのねらいをはっきりしておくことが必要である。たとえば、総合的な学習などで、環境教育の「水」について調べ学習をする場合、各自が水に関する本を集めてきて、その本の中身を把握し、グループごとにクラスのみんなにブックトークで紹介していくことによって、その学習が拡がり深まっていくことを体験させる、などである。

■リレーでつなぐブックトーク

児童の場合は、一人で数冊の本を紹介するというのはむずかしいので、数人がリレーで本をつなぎながら実践してもよい。児童の場合、専門家のブックトークのような完成度を期待せず、楽しんで本の紹介ができることに主眼を置きたい。

■異学年を対象に、ブックトークで本を紹介

本書では、6年生が1年生に対してブックトークで本を紹介する事例があがっている。1年生は先生から本を紹介されるのとはまた違った新鮮さで受けとめている。継続的な実践はむずかしい点もあ

るが、試みとしてはユニークな取り組みであるので、機会あるごとに実践を心がけたい。

■ブックトークの実践を評価

ブックトークをした後は、実践者である先生や児童がみんなで話し合うことが大切である。どのようにブックトークを進めていくのがよいかなど、より充実したブックトークの改善に向けて、お互いに評価する場を設けてほしい。

また、児童によるブックトークは、技術や方法を学ぶことも大切であるが、それ以上に次のような学習面での効果があることに気づかされた。

・ブックトークをすることで本の中心的な課題を把握することができる。
・本の内容をわかりやすく説明しようとする意欲が育ち、発表力が身につく。
・テーマごとにさまざまな本があることに気づき、興味・関心をもつことができる。

4. 語り（ストーリーテリング）に挑戦

お話の世界のイメージをふくらませ、それを聞き手にことばだけで伝える表現方法が「語り」である。音読や朗読と「語り」との一番の違いは、相手意識である。「語り」は全文暗唱を基本とする。暗唱しているので、聞き手の反応を見ながら語ることができる。つまり、ことばで伝え合う楽しさを味わうことができるのが「語り」である。「語り」は劇とは違い、大がかりな道具を一切必要としない。大げさな感情表現や身振り・手振りも必要ない。語り手の発することばだけで行なうことができる。語り手がお話の世界をうまくイメージしながら聞き手に伝えると、そのイメージが聞き手に自然と届き、両者の間には、「語り」を通して心の交流が生まれる。

◆「語り」の4つの観点◆

「語り」を成功させるには、「表情」「間・速さ」「声量」「視線」の4つの観点が大切である。

1. 表情：お話の世界や人物の心情をイメージし、表情を工夫して語る。悲しい場面では沈んだ表情、うれしい場面ではにこやかな表情で語る。
2. 間・速さ：場面に応じた間や速さを工夫して語る。静かな場面では間をとってじっくりと、緊迫した場面では間をおかず、たたみ掛けるように語る。
3. 声量：人物の会話文は声の大きさを工夫して語る。ただし、強弱をつけすぎて波をうつようにならないように気をつける。
4. 視線：聞き手の目を見て語る。聞き手が一人ならば、その人の目を見て語る。聞き手が複数ならば、全員に目を配りながら語る。私の「語り」を聞いて下さいという強い気持ちで語る。

※以上は『国語音声言語学習ビデオ「言の葉」の語り―文学作品編』（二瓶弘行、株式会社スカラベ）を参考にさせていただいた。

◆「語り」に親しむ手だて◆

本校の子どもたちは、年間を通してさまざまな方法で「語り」を行ない、「語り」に親しんでいる。

1. 詩を語る：詩は短い文の中に作者のイメージが込められている。何度も繰り返し読むと自然に覚えられる。

例：「初めて小鳥がとんだとき」（原田直友作）、「生きる」（谷川俊太郎作）、「雨ニモマケズ」（宮沢賢治作）、「落葉松」（北原白秋作）

2. 「詩のレストラン」：教科書や詩集などから10作程度詩を選び、暗唱する。詩のメニューをつくり、「詩のレストラン」として交流する。

3. 文学的教材を語る：国語の文学的教材を学習した後、自分の一番気に入った場面を暗唱して語る。

例：「ごんぎつね」（新美南吉作）、「わらぐつの中の神様」（杉みき子作）、「海の命」（立松和平作）

4. 民話を語る：日本で長く語り継がれてきた民話には人々の願いが込められている。民話の中からお気に入りの話を選び他の学年の児童に語る。

例：「三枚のお札」「大工と鬼六」「鳥のみじい」

5. 百人一首を語る：百人一首には四季折々の歌や恋の歌などがあり、日本の古典に親しむには最適である。実際に『五色百人一首』（東京教育技術研究所）を行ないながら語りの練習をすると、意欲的に行なえる。

6．日本の名作を語る：日本の名作を読み、その中から一番心に残った場面を暗唱して語る。短い話であれば全文を暗唱して語る。

例：「坊ちゃん」（夏目漱石作）、「セロ弾きのゴーシュ」（宮沢賢治作）、「蜘蛛の糸」（芥川龍之介作）

その他、「落語を語る」「怪談を語る」など、工夫しだいでさまざまな「語り」の活動ができる。「語り」を行なうことで、声を出す楽しさやことばの響き、語感などを味わうことができる。この中で、5年生の「詩の語り・詩のレストラン」の実践と、民話を語ることを実践した「2年生に民話のおもしろさを伝えよう」の取り組みを紹介する。

実践例：5年生「詩の語り・詩のレストラン」

①詩の響きを楽しむ

詩は短い文の中に作者のイメージが凝縮されている。声に出して何度も繰り返し読むと、自然に詩の響きが体に入ってくる。「語り」の楽しさを味わわせるには最適である。子どもたちは詩のイメージをふくらませながら、情景を想像したり、作者の思いに共感することができる。

最初はクラス全員で一つの詩を語ることから始める。さまざまな形態で何度も語ることで、子どもたちはすぐに暗唱できるようになる。全員でいくつか詩を語った後、今度は各自が教科書や詩集などから詩を選び、詩のメニューをつくって、「詩のレストラン」として交流する。友だちからの注文にこたえて、詩の響きを楽しみながら生き生きと語る姿がみられた。

②実際の歩み

◆学級開きに詩を語る◆

4月に初めて出会った子どもたちと国語の教科書に掲載の「銀河」（羽曽部忠作）を全員で読んだ。どんなイメージが浮ぶかを話し合い、いっせいに読んだり、二人一組で一行ずつ交互に読んだりしながら、何度も声に出して読ませた。次の日までに、暗唱できるくらいに何度も練習してくるように伝え、次の日、暗唱できるようになった子どもに語らせ、よい点をほめ、みんなで拍手を送った。

◆児童集会で詩を語る◆

毎月初めに行なわれる児童集会で各クラスが取り組んでいる朗読などを発表する「串っこのひびき」の時間がある。そこで、「初めて小鳥がとんだとき」と「生きる」の2つの詩を全員で語った。「初めて小鳥がとんだとき」は、グループや男女に分かれて交互に語った。子どもたちには、初めて小鳥が旅立つ姿を温かく見守る親鳥のようすなどを想像しながら語るように伝えた。『生きる』は、ちょうど40行あったのでクラス40人が一人一行ずつ順番に語った。こちらは一人ひとりそれぞれの生きる意味を考えながら語るように伝えた。

◆「詩のレストラン」で語りの交流を行なう◆

4月からの詩の語りを継続してきた結果、子どもたちは多くの詩を暗唱し、生き生きと語るようになってきた。そこで、互いに語りを交流する手だてとして、「詩のレストラン」を行なった。

詩を暗唱して語る

伝わったイメージをことばで返す

方法は、各自が教科書や詩集などから10作程度詩を選び、詩のメニューをつくる。四人一組で、詩のメニューを見ながら詩を注文し、語り手は詩を語る。聞き手は、伝わったイメージをことばで返すというものである。

子どもたちは自分が選んだ詩を語ることができることやリクエストをもらえることで、より一層語る意欲をもつことができた。また、聞き手から伝わったイメージをことばで返してもらえてとても満足していた。

③詩を語る素晴らしさ

1学期、子どもたちと出会う学級開きから継続して、詩の語りに挑戦してきた結果、子どもたちは詩の響きやリズムを体で感じながら語りを楽しむことができるようになっていった。驚いたことに、4月から取り組んできた詩を子どもたちは半年以上経っても暗唱することができた。スポンジのような吸収力の子どもたちの記憶力には驚かされる。詩の語りを通して、一人ひとりに自信が芽ばえていくようである。

実践例：5年生「2年生に民話のおもしろさを伝えよう」

①民話はおもしろい

子どもたちは昔話が大好きである。昔話には弱い者が知恵や勇気で強い者を倒す話や正直者が得をする話が多いからである。現代のアニメのような派手さはないが、お話を聞くと自然に心が温まる。民話の語りを聞くと、絵本やテレビと違い、自分の頭の中で民話の世界を想像することができる楽しさがある。民話には独特の唱えことばや擬態語、擬声語、語りおこしや結びなどがあり、何度も声に出して語るとそのリズムがいつのまにか身についてくる。5年生でこれまで取り組んできた「語り」の継続の集大成として、2学期には、「2年生に民話のおもしろさを伝えよう」という目標をもち、相手を意識して、どのように語ればおもしろさが伝わるかを考えながら「語り」に取り組んでいる。低学年に語るおすすめの民話としては、「さる地蔵」「鳥のみじい」「あめは毒」「馬子と山んばばあ」「ねずみ経」「大工と鬼六」「ねずみ浄土」「三枚のお札」などがある。

②具体的な進め方

◆本物の民話の語りに出会う◆

・本物の民話の語り手に出会う（地域の民話の語り手の方に来ていただき直接語りを聞く）。
・語り手から、どのような手順で「語り」ができあがるのかを聞く。

◆民話を選ぶ◆

・民話の語りが成功するかどうかは、民話の選択で決まる。
・お話の筋が次どうなるのかを知りたくなるような民話を選ぶ。
・昔話の絵本から選ぶのではなく、何も見なくてもイメージが浮ぶように文章のみで書かれた民話の本から選ぶ。

例：『子どもに語る　日本の昔話』（稲田和子・筒井悦子著、こぐま社）『日本の昔話』（おざわとしお再話、福音館書店）

◆民話を覚える◆

・いつも持って歩けるようなメモ帳（「語り帳」）に自筆でお話を書き写す（ひらがなを漢字に替えてもよい）。
・「語り帳」を見て、何度も音読する（黙読では効果がない）。
・お話のつながりごとに分けて読む（大げさな感情表現や身振り・手振りはいらない。劇にしなくてよい。ゆっくり語ることを心がける）。
・いよいよ民話を覚える。覚えたと思ったら一度誰かに聞いてもらい、自信をつける（「語り帳」は自分が持っていて、聞き手は見ない方がいい。たとえば「ところが」を「しかし」と言い換えてしまっても、話がつながればよい。覚えて慣れてきたら、少しぐらいはことばを間違えても大丈夫である）。

◆民話の世界に誘う◆

・お話の世界に入り込めるように、集中して聞ける場づくりをする（たとえば、カーテンを閉め、電気を消して部屋を暗くし、ろうそくに火をともすなど）。

・わらべ歌を歌ったり、季節を表すものやお話に関係のある小道具を出したりして、聞き手に興味をもってもらう（たとえば、エノコログサを使って歌を歌うなど）。

◆民話を語る◆

・間や表情、声の強弱を工夫しながら聞き手に語る。

・大げさに言うのではなく、テンポよく語る。

③実際の歩み

◆民話の練習に励む子どもたち◆

子どもたちは、本物の民話の語り手に出会うことで、「語り」のイメージがつき、目標が定まってくる。「語る」民話は対象が低学年であるため、話が短く展開がはっきりしているもの、繰り返しのリズムのあるもの、愉快で明暗が対照的なものを教師が候補としてあげ、その中から子どもたちが選び、二人一組で一つの民話を語ることにした。子どもたちは選んだ民話を「語り帳」に書き写し、朝の学習の時間や帰りの会、家庭で何度も繰り返し声に出して練習に励んだ。子どもたちの記憶力は素晴らしく、ほとんどの子が一週間程度で暗唱することができるようになった。

◆民話の語り手からのアドバイス◆

全員が民話を暗唱したので、再び民話の語り手の方に来ていただいた。一組3分間程度で語り、そのつど、具体的なアドバイスをいただいた。

1. 表情についてのアドバイス
- お話に出てくる人の気持ちになって、表情豊かに語る。たとえば、「三枚のお札」で小僧さんが言い訳をしている場面では、自分が言い訳をしているような表情で語るなど。

2. 間・速さについてのアドバイス
- テンポが速すぎないようにゆっくり語る。

3. 発音・声量についてのアドバイス
- 口をしっかり開け、ことばをはっきりと言う。
- 「むかし、むかし、むかし」と三回続く場合は三回目を弱めに言う。
- 聞き慣れないことばは、強くはっきりと話す。または、話の最初に簡単に説明をしてもよい。たとえば、「馬子とやまんばばあ」に出てくる「天棚」は「物置用の中二階」、「ふくべ」は「ひょうたん」など。

4. 声の調子についてのアドバイス
- 声の調子が波をうつように語らない。
- 二人で分けて語る場合、声の調子を変える。たとえば、「ねずみ浄土」に出てくるおじいさんと欲深いじいさんの声の調子を変える。
・高い音から低い音に流れるように語る。たとえば、「大工と鬼六」の冒頭部分では、
高い音↓低い音、「むかし」↓「あるところに」、「たいそう」↓「流れの速い…」
というふうに。
・繰り返し出てくる歌についてのアドバイス
・工夫して歌う。たとえば、「鳥のみじい」の「アヤチュウチュウ、コヤチュウチュウ、ニシキサラサラ…」は小鳥がさえずるようにかわいらしく語る。「ねずみ経」の「おんちょろちょろ」はお経を唱えるように語るなど。
5. 視線についてのアドバイス
・語り手は聞き手のほうを見て語る（目が上にいかないように）。
6. 聞き手へのアドバイス
・聞き手は語り手のほうに視線を向け、うなずきながら聞く。
民話の語り手からは、このように、民話をイメージし人物の気持ちになって語ること、一つひとつのことばを大切に語ること、聞き手の大切さなどを学んだ。その後、クラス内で互いに聞き合い、互いにアドバイスをし合い、どうしたら2年生に民話のおもしろさが伝わるかを考えながら「語り」を高めていった。

2年生に民話のおもしろさを伝えよう！！		
	5の2	チャレンジB
2の1（1回目） 10/25（火）	「馬方と山んばばあ」 語り ○○ ○○ ●● ●●	「なら梨とり」 語り ○○ ○○ ●● ●●
	「ねずみ浄土」 語り ○○ ○○ ●● ●●	「さる地蔵」 語り ○○ ○○ ●● ●●
		「山寺の化けもの」 語り ○○ ○○ ●● ●●
2の1（2回目） 10/27（木）	「三枚のお札」 語り ○○ ○○ ●● ●●	「鳥のみじい」 語り ○○ ○○ ●● ●●
	「ねずみ経」 語り ○○ ○○ ●● ●●	「あめは毒」 語り ○○ ○○ ●● ●●
		「大工と鬼六」 語り ○○ ○○ ●● ●●
2の2（1回目） 10/31（月）	「馬方と山んばばあ」 語り ○○ ○○ ●● ●●	「なら梨とり」 語り ○○ ○○ ●● ●●
	「ねずみ浄土」 語り ○○ ○○ ●● ●●	「さる地蔵」 語り ○○ ○○ ●● ●●
		「山寺の化けもの」 語り ○○ ○○ ●● ●●
2の2（2回目） 11/2（水）	「三枚のお札」 語り ○○ ○○ ●● ●●	「鳥のみじい」 語り 草野 [illegible] 新谷 [illegible]
	「ねずみ経」 語り ○○ ○○ ●● ●●	「あめは毒」 語り ○○ ○○ ●● ●●
		「大工と鬼六」 語り ○○ ○○ ●● ●●

民話の語りのプログラム

◆雰囲気づくり◆

民話の雰囲気を出すために、昔の道具を持ち寄ったり、秋の木の実や草花を飾ったりした。テレビなどは布で隠し、民話の題目の文字を昔風に工夫したりした。子どもたちのアイデアで、教室が民話ルームに変身した。「語り」は語り手の声だけでイメージを伝えるために、別の話し手の声が重ならないように会場を2か所設定した。

●表3－10　活動の流れ

時間（分）	活動の流れ	支援（○）と評価（★）
3	1　語りの世界に興味をもつようにする	○お話に関係のあるクイズを出したり、ものを見せたりする
12	2　民話を語る ・二人で、場面で交代し語る ・聞き手は雰囲気づくりを行なう	★民話のもつ味わいを大切にしながら語っていたか

◆2年生に民話を語る―第1回公演～第3回公演◆

「2年生に民話のおもしろさを伝えよう!!」第1回公演を行なった。2年生は真剣に耳を傾けていた。語り手も2年生のほうを見て、お話の世界を思い浮かべながら真剣に語り、緊張しながらも一生懸命に語る姿がみられた。2年生に感想を聞くと、「おもしろかった。お話が浮かんできた」「今度も聞きたい」など、5年生の思いが2年生に届いたようである。「語り」を通して、心の交流が行なわれたと思われた。しかし、2年生は集中してお話を聞くために二つ目、三つ目になると聞くのが大変になることがわかった。

〈改善点〉

・次の話に入る前に、お話に関係のあるものを見せたり、簡単なクイズを出したりする。
・「語り」に変化をもたせるために、周りの聞き手が効果音を入れたり、一緒に歌ったりする。

改善して第2回・第3回公演を行なった結果、2年生は最後まで興味をもって聞けるようになった。また、笑いもみられるようになってきた。

◆みんなでつくり上げた――第4回公演◆

第4回公演のようすは多くの参観者に見ていただいた。これまでの反省を生かし、二人の語り手のやりとりを人物になりきって表情豊かに語ることで、2年生は民話の世界をイメージして集中して聞いているようであった。語り手と聞き手が一つになって、第4回公演は成功に終わった。

語りの後、2年生は5年生の語りにあこがれ、絵本のお話を気持ちを込めて朗読するようになった。その後、1年生・3年生からもぜひ「語り」を聞かせてほしいという依頼があり、特別公演を開催した。

一生懸命聞く２年生

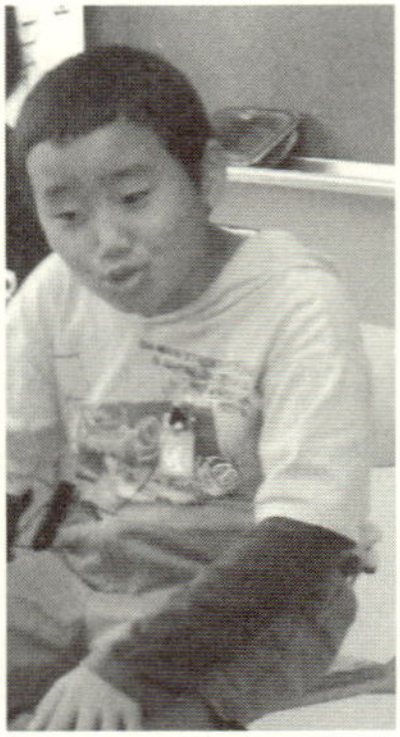

表情豊かに語る５年生

民話の公演を終えて、２年生から感想が届いた。次はそのうちの一つである。

この間、かたりをして下さってありがとうございました。わたしは、三まいのおふだで、さいごにおしょうさんがおもちの中にまめつぶぐらいに小さくなったやまんばばあがおしょうさんに食べれらたところがおもしろかったです。５年生の言い方がとても聞きやすかったです。

「２年生の感想」より

④民話の「語り」を通して学んだこと

民話の「語り」を終えてこれまで指導していただいた民話の語り手の方へお礼の手紙を一人ひとり書いた。役になりきって語ることはむずかしかったけれども、繰り返し練習しているうちにだんだん楽しくなってきたことなど、どの子どもたちにも達成感が表れていた。次の手紙はそのうちの一通である。

先生が「語り」をして下さった時に、私は「語り」のおもしろさが伝わってきました。それから先生を目指してみんなで語りをがんばりました。「語り」は絵本も何も使わないで言葉だけで伝えるので、覚えることはできるけど、それよりも自分がお話に入って役になりきるのが難しかったです。
2回目に先生が来て下さった時は、少し自信はなかったけれども、自分の「語り」の世界に入りこんで語ることができました。先生に「声が大きくて良かった」とほめてもらえた時はとてもうれしかったです。

2年生に自分の「語り」を話す時は、最初はドキドキしたけど、だんだん自分の語りに入りこめて全然きんちょうしなくなりました。2年生がとてもうれしそうだったのでよかったです。1年生にも急きょ公演することになったけど、全然きんちょうしなくて一生けん命できてよかったです。「語り」のおもしろさを伝えてくださってありがとうございました。

「5年生の女子からの語りの先生へのお礼の手紙」より

何度も民話を語ったり、互いの語りを聞いたりしている中で、子どもたちには、唱えことばや擬態語、擬声語、語りおこしや結びといった日本語ならではのリズムが自然に身についていった。子どもたち自身が語り手となる時、子どもたちには民話の世界が目に浮かび、登場人物が生き生きと動き出し、民話の底に流れている人々の思いが伝わるようになってきた。つまり、「語る」ことによって子どもたちは、自分のイメージした世界をことばで、聞き手の心に届ける楽しさを味わうことができているのである。子どもが子どもに語ることは、ことばで伝え合う楽しさを実感できる活動である。
子どもたちがお礼の手紙を出したところ、民話の語り手の方から子どもたちに手紙をいただいた。

先日はたくさんの温かいお手紙をいただきありがとうございました。

―中略―

皆さん一人一人の語りを通しての成長ぶりがうかがえるようで、私もその過程の一端を担うことができてとても嬉しく思いました。

先日うかがって語りを聞いた時にも言いましたが本当に皆さん上手でした。私のお願いしたアドバイスに従ってお話の柱を築き上げていたと思います。これは大人になってから始めた人（私も同様）にはなかなかできないことです。

本番はとてもいい雰囲気をかもし出していたなぁと思いました。リクエストがきたとは嬉しいことでしたね。となえ文句や歌を歌っていたのもおもしろいです。お家に帰っても覚えている子がいると思いますよ。

語りを通して学べたことは多いと思います。朗読や劇、合唱などにも活かせると思いますよ。また昔話をより多く読んで下されば幸いです。

それでは段々寒くなりますので、皆さんお体に気をつけて下さい。

校長先生にもよろしくおっしゃって下さい。

ありがとうございました。

「指導していただいた語り手の方からのお手紙」より

語り手の方からのお手紙の通り、子どもたちは大人と違い、話の世界を自分なりに自然につくり上げることができていた。何度も声に出して語ることで、ことばから自分なりのお話の世界をつくり上げることができたのかもしれない。しかも、聞き手が自分の「語り」に引き込まれていくことを感じることが喜びにつながっていたと思われる。

この取り組みの後、休日に市内の児童会館で行なわれた「童話発表会」にクラスの子どもたちの半数が進んで参加した。どの子も大勢の人たちの前で、堂々と民話を語ることができた。

子どもたち自身が語り手となり、「語り」を多くの人に発信することで、子どもたちは自分の思い描いた作品の世界を共有してもらえる喜びを感じることができたと思われる。また、語り手と聞き手が「語り」を通して心の交流を図ることができた。「語り」により子どもたちのコミュニティの世界は拡がっていったのである。

「語り（ストーリーテリング）」の実践を通して（笹倉）

串小学校の公開授業で、児童がストーリーテリングをするというのでとても関心をもった。お話の種類は昔話であったが、その完成度の高さにも驚かされた。参観者の多くが、その部屋に釘づけにされたことからもわかる。私は正直、串小学校の読書活動の実践として、児童がストーリーテリングをするまでになることを期待していなかっただけに、その成果に驚いている。アメリカの高等学校には、ストーリーテリング科というコースを設けている学校があるが、日本ではお話を語るということが学校教育の中であまり重要視されていない。児童・生徒の中には、お話を語ることが好きな子どもも多くいるはずである。そのような児童・生徒には、ストーリーテリングのような技術をぜひ習得してほしいとあらためて実感した。お話を覚えて語ることは、美しい日本語を学び、筋道を立てて話すことの訓練にもなる。

串小学校では、「語り」という点でさまざまな実践をしているが、「詩の語り」もとても素晴らしい実践であった。自分が暗唱した詩を希望の詩（メニュー）に応じて語り聞かせる、「詩のレストラン」という実践に心を打たれた。詩やことば遊びの本は、素晴らしいものがたくさん出版されている。自分の気に入った詩を暗唱し、心を込めて他人に聞いてもらうということは、双方にとって心地よい実践である。

児童・生徒がストーリーテリングを学ぶ時は、基礎・基本から学ぶことが大切であるが、同時に素晴らしいストーリーテラーの語りをたくさん耳から聞くことも大切である。このような実践が日本の学校でも拡がっていくことを期待している。

識字文化（活字から学ぶ）が中心的な日本の学校教育も、口承文化（語りなどの耳から聞く文化）の復権を見直していかなくてはならない。

5. 読書感想交流——楽しい読書感想交流

◆読書感想交流とは◆

読書感想交流とは、一冊の本を教師が読み聞かせ、物語の心に残ったこと、おもしろかったこと、不思議に思ったことを学級全体で話し合うことである。子どもたちは自由に感想を出し合うことで、もう一度、主人公の心の動きに共感したり、その本の世界をクラスみんなで味わったりすることができる。また、さまざまな感想が出ることで、友だちどうしでそれぞれ物語の受け止め方の違いに気づくことができる。

この読書感想交流は、子どもたち自らが本のことについて語ることを大切にしている。本の感想を友だちに語らなければならないというと、一見、子どもたちを読書嫌いにしてしまうのではないかと思われるかもしれない。しかし、子どもたちが本について思ったこと、感じたことを心の底から自由に話し合い、子どもどうしであらためて本の世界をつくり上げていくような方法は、結果的に子どもたちの読書意欲をより高めることになるのである。

◆読書感想交流のねらい◆

読書を好む子どもが多い反面、好まない子どももいる。読書を好まない子の読書意欲を高めていくことが、この読書感想交流の大きなねらいである。読書感想交流は、話し合いに自由度が高いので、無限の可能性を秘めているといえる。つまり、自分の思ったこと、感じたことを自由に述べられるので、より子どもたちに受け入れられやすい活動である。自分が何を言ってもよいという安心感、個々の読書理解力、読書力、読書量に差があっても実施できるというよい点がある。

また、心に残ったことを話し合うことにより、本の感動やおもしろさを共有し、作品を深く味わうこともできる。一人では感じられなかった本の世界を全員で話し合うことで、本の楽しさに気づき、「もう一度読んでみたい」という読書意欲を高めるねらいもある。

◆読書感想交流の実施方法◆

読書感想交流を実施するためにはまず「本選び」が重要である。さまざまな絵本、児童書を読み、教師自身がおもしろい、感動したという本を選ぶ必要がある。また、学校司書に協力してもらい、学年に見合った本をすすめてもらったり、先生方におすすめの本を教えてもらったりしている。このような教師間の連携により、子どもたちはより質の高い本と出会うことができるのである。

次に「読む」ということになるが、子どもたちにも同じ本を一冊ずつ持たせるというかたちが理想ではあるが、本の冊数にも限りがあり、

教師による読み聞かせ

読み聞かせというかたちをとっている。読書感想交流を行なう際、子どもたちは読み聞かせの時点から、本の見える位置に移動している。この時、机が不要なら、廊下に出したり、後ろに下げたりして椅子だけの状態にすることもある。椅子だけの場合、感想交流では友だちどうしの距離が近づくため、多くの友だちと相談や話し合いができ、より話し合いが深まる。

本を読み聞かせた後、教師は多くのことを語らず「どうだった?」のひとことから始める。子どもたちは、自由発言（挙手なし、発言したい子から立つ）で本について思ったこと、感じたことを言っていく。教師は、すべての子どもの発言を受け入れることが大切である。自信がなさそうに発言した子には、「もう少しお話して」と問い返すのである。これは教師がその子の発言に興味をもっている

ということを示すことばであり、子どもが自分の思いを整理してわかりやすく発言する手助けになることばである（『子どもの未来をひらく自由読書』より）。このように教師も友だちも共感して発言を聞くという意識を大切にすることで、どの子も安心して自分の思いを自由に発言できるようになるのである。

◆読書感想交流に取り組むうえで大切なこと◆

読書感想交流で、子どもたちが安心して何でも発言できる雰囲気を学級でつくるために大切にしてきたことが二つある。

一つ目は、国語科の授業とは違って、自分の思ったことや感じたことを何でも発言できればよいということを教師と子どもたちが共通理解していることである。正解とか、間違っているとか、そういうことは一切関係がない。読書をして想像したり感じたりすることは読み手に任されているので、読み手がどうとらえたかが大切なのである。

二つ目は、友だちの発言を共感的に受け入れる聞き手を育てることである。友だちの発言に対して「つまらない」「おかしい」など、批判的に聞く子が学級にいると、安心して発言できる雰囲気が崩れてしまう。素晴らしい発言ならみんなで驚き感動し、おもしろい発言ならみんなで笑い合える、そんな学級の雰囲気づくりを心がけることが大

本の楽しさを共有する

切である。このことは、読書感想交流のみならず、ふだんの授業や学級経営にも反映されてくること

である。さらに、この読書感想交流を子どもたち同様、教師も一緒になって楽しむことも大切である。

◆読書感想交流は楽しい時間◆

子どもたちは、この読書感想交流の時間を楽しみにしている。読書感想交流を多く経験することで、最初は何を言っていいかわからなかった子どもたちも、自由に自分の思ったこと、感じたことが言え、さらにみんなが自分の意見を認めてくれることで、「本について話すことは楽しい」と感じられるようになっていくのである。毎日の読み聞かせや計画的に読書感想交流を行なうなど、日々の実践の積み重ねが子どもたちの読書意欲の向上につながっていくのである。

実践例：4年生「もう少しお話して」

ここでは、4年生の「もう少しお話して」の実践例を紹介する。

●図3-6　読書感想交流の活動案

第4学年　読書活動案

1　ねらい　物語のおもしろさを楽しく話し合う。

2　図書　『ストライプ』（デヴィッド・シャノン／文・絵、清水奈緒子／訳、セーラー出版）

3　活動計画〔チャレンジタイム：2M（30分）〕
・『ストライプ』の読み聞かせ　〔1M（15分）〕
・物語のおもしろさを話し合う【本時】　〔1M（15分）〕

4　展開

配時（分間）	活動の流れ	支援（○）と評価（★）
4	1　『ストライプ』の続きの読み聞かせを聞く	○簡単にあらすじをふり返る
11	2　読み聞かせを聞いて、思ったこと感じたことを話し合う	○子どもたちのつぶやきを全体に拡める ★物語のおもしろさを楽しく話し合っていたか（観察）

①活動のようす

今回は、机を後ろに下げ、椅子に座っての読書感想交流を行なった。前時に『ストライプ』（デヴィッド・シャノン作・絵、清水奈緒子訳、セーラー出版）の途中までを読み聞かせていたので、本時はその続きの読み聞かせから始めた。子どもたちは、結末がどうなるのか知りたくて興味深く聞いていた。最後の場面で主人公がもとの姿に戻れた時、「やっぱりな」「もとにもどれてよかった」というつぶやきがもれた。そして、もう一度本の表紙を見せて読み聞かせを終えた。子どもたちは、自分の思いを言いたくて待ちきれないようすだったので、「どうだった？」のことばから話し合いを始めた。

読み聞かせを聞く子どもたち

教師　「どうだった？」
児童　「リマ豆にそんな力があるのかなと思いました」
児童「リマ豆を始めから食べていれば、そんな姿にならなかったと思います」
教師　「もう少しお話して」
児童　「リマ豆はみんなが嫌いだから、カミラは食べなくて、しま模様になったんだと思います」
教師　「なるほどね」
児童　「言った物に変身するんなら、始めから人間になれと言えばよかったと思います」
教師　「いい考えだね」
児童　「おばさんがなんでリマ豆を食べたらもとの姿にもどれると知っていたのが不思議でした」
教師　「おばあさんは魔法使いかもしれないね」
児童　「おばあさんはしましまになる病気を知っていたけど、本当にしましまになる病気があるのかなと思いました」
教師　「しましま病というのがあるかも知れないね」
児童　「おばあさんは一度しましま病にかかったから知っていたんだと思います」

また、次の文章は、活動後に書いた子どもたちの感想である。本について話したり聞いたりする楽しさを多くの子が実感していることがわかる。

本を読んでもらうのも楽しいけど，意見を言ったり，友達の意見を聞いたりするのも楽しい。自分の思ったことを何でも言えるからいい。

いろいろな本を知ることができて，みんなの意見も知ることができる。みんな好きな場面は同じなんだとか，こんなふうに見ることができるのかと思うこともある。

自分だけでは想像できなかった物語のおもしろさにふれ，感じ方の似ているところや違うところを，話し合う中でお互いを認めることができた。この積み重ねから読んだことを相手に話すことを楽しいと感じ，本を読む楽しさがわかる子，本が心の糧になっていく子が増えると考えている。

②活動をふり返って

2学期からは，1モジュール（15分）を基本として読書感想交流に取り組み始めた。

読書感想交流に取り組んだ成果としては，友だちどうしで本の感想を話し合う場面が，ふだんの学校生活の中にもみられるようになったことである。同じ本を読んだ子どうしが楽しそうに本について話したり，まだその本を読んでない子にその本をすすめたりする場面がみられるようになった。読書が苦手な子も読書感想交流を通して，本のおもしろさに少しずつ気づき始め，読み聞かせた本を何度も読み返す姿が印象に残った。

読書感想交流に初めて取り組む場合は，展開の楽しい短い絵本を使い，読書感想交流の方法を子どもたちと教師がしっかりと共通理解することが大切である。子どもたちは、展開がどうなっていくのかがわからない本が大好きで、この先どうなるんだろうと期待を込めて読み聞かせを聞く。予想外の結末が待っている本では、驚きが最高潮に達する。このような本での話し合いは、必ずといっていいほど盛り上がり、本選びがとても重要であると感じさせられる。

絵本を中心に読書感想交流に取り組んできたが、4年生という学年を考えると、これからはノンフィクションや奥深い感動があるような本での読書感想交流に取り組んでいきたい。子どもたちにはさまざまなジャンルの本と出会うことで、読書の幅を拡めていってほしいと願っている。

⑱「読書感想交流」の実践を通して（笹倉）

日本では本を読んだ感想を子どもに聞いてはいけないという考え方が主流であったが、イギリスやカナダなど先進的な読書活動を実践している国では、10年以上も前から読書感想の交流体験を実施している。数年前、翻訳家であり児童文学者でもある猪熊葉子先生とお会いした時に、エイダン・チェインバース『みんなで話そう　本のこと』（柏書房）の実践が素晴らしいという話題になり、それ以来いろいろな学校でこの読書プログラムを実践してもらっている。詳しい実践方法については次節や拙著でも述べているので参考にしてほしい。

この読書プログラムでは、児童が発表することは何でも許容するという共通理解が大切である。従来の国語等の授業であれば、児童が発表すれば、「なぜそうなる?」「どうして?」ということを発問したりするが、そのような問いつめる発問ではなく、教師は「もう少しお話しして」と、児童からのより奥深い感想を聞き出そうとしている。

この読書プログラムのよい点として次のようなことがある。

■お互いの読書感想を知り、自分との違いを知る

お互いが読書の感想を述べることにより、今まで自分が気づいていない読み方や物語の深さに気づく。それであらためて本を読み直すこともある。

■本を読んだ感想をまとめて発表する力が育つ

子どもたちは本を読んだ感動を誰かに伝えたいという意識をもっている。その感動をどのように伝えるのかを、自分なりにまとめて発表していくという力が自然に育っていく。

■日常の中でも読書感想を交流し合えるようになる

このような体験を実施することにより、日常の中でも自分の読んだ本を友だちに紹介する場や機会が増えていく。

■読書プログラムの研修

この読書プログラムは、指導者の進め方によって大きく展開が異なる。指導者の本の読み込み、発問のしかたなどによっても左右される。それぞれの学校でこの読書プログラムを実施するにあたって研修を深めていってほしい。読書会や国語の授業などにも応用でき、さまざまな分野にも拡げていくことができる。

子どもと本をつなぐには、このような読書感想の交流体験により、子どもたちの中に、本へのより深い理解や感動を積み重ねることがもっとも大切である。この方法は日本の学校でもまだあまり取り組みがされていないが、今後ますます発展していくと考えられる。私がこれまで実践してもらった読書活動の体験から、読書感想交流はとても奥深い感動体験を子どもとともに味わうことができる活動であると痛感している。

6. 読書交流（読書交流体験活動）——本を語ろう

◆「読書交流」とは◆

身近な友だちが本を開く。じっと読みふけっている姿に、「ねえ、その本おもしろい？」と声をかける子。「うん。だってこのお話…」と、思わず筋書きを話し出す子。

子どもたちは、周りの大人がすすめる本よりも、親しい友だちがすすめる本のほうが読みたいと感じるようである。たとえば、図書室で人気の本も、いわゆる「口コミ」の効果によるところが大きい。この「口コミ」を学級のみんなでやってみよう。「読書交流」と称した読書交流体験活動はそんな発想が生きている。

◆「読書交流」の方法は◆

「読書交流」は、大好きな本のことを話したり、紹介し合ったりする活動のことである。本校は、２００１年度よりコミュニケーション能力の育成を図ってきた。その取り組みの一つとして「コミュニケーションタイム」を設けている（図３－１）。この時間は、「話してよかった」「聞いてよかった」という満足感を子ども自らが得、互いに共感し合う温もりを育むことをねらっている。そのために各学級担任が題材や方法を工夫し、話す楽しさや聞く楽しさを味わう時間としている。

「読書交流」も、このコミュニケーションタイムの考え方をふまえ、「本のこと、話してよかった」「本のこと、聞いてよかった」と満足できるようこころがけている。

交流の仕方としては、「なぜこの本か」という話し手の感想や意見を中心に構成し、次のような工夫を行なっている。

１．紹介方法

・ショウ・アンド・テル（本の表紙や挿絵を見せながら・読書感想画を見せながら・自作の本の帯を紹介しながら）で行なう。

・あらすじの一部を伝える。

・一部音読や読み聞かせをして伝える。

２．形式

・対話形式で。

４年生：お気に入りの一冊を紹介しよう

6年生：心に残った本を紹介しよう

学級で二人一組をつくり、いっせいに読書交流を行なう。読書交流を終えた組は、「待ち合わせ場所」で待つ。終わった者どうしで違う相手と二人一組をつくって席に着き、再び読書交流を行なう。これを繰り返す。

この方法のよさは、より多くの友だちに自分の読んだ本の紹介を聞いてもらえることであり、より多くの友だちの紹介を聞くことができることである。

・グループで。

3～4人グループで行なう際は、机や椅子の配置を工夫して、複数の聞き手が話し手に向き合えるように、また、ある程度の距離が保てるようにする。机や椅子の距離が近すぎるとぼそぼそと話してしまい、逆に遠すぎると聞き取りづらく他のグループの声に遮られてしまう。ダイヤモンド型（ひし形に机を配置）やトライアングル型（正三角形に机を配置）は、ほどよい距離感と「会」のあらたまった雰囲気をつくってくれる。

3人や4人のグループによる交流は、コミュニケーションタイムのような15分間でも容易に行なえるよさがある。また、複数の質問に答えることで、本の紹介をより詳しく補うことができる。

・ワークショップ形式で。

3・4年生：おすすめの本を紹介しよう

紹介者7~10人程度（学級の4分の1~3分の1）が、互いの声がじゃまにならない場所を教室の中で設定し、聞き手は、知りたい本、聞きたい友だちを選んでその周りに座る。場が落ち着いたら、紹介を始める。これを数回繰り返す。事前に誰がどんな本を紹介するかプログラムを準備し、下読みしておくと、どの紹介を聞いて回るかを迷うことがない。

この方法のよさは、自分の興味関心に応じて話し手を選ぶことができることである。また、複数で聞くため、グループの時のように、多様な質問によってより詳しい紹介を引き出すことができる。さらに対話形式で行なうのと同様、数回紹介の場をもつことで、多くの友だちに紹介ができる。

ただ、すべての子が本を紹介するためには、ワークショップを2~3回繰り返さなければならない。2時間続きなどの時間設定が必要となる。

3．読書交流の相手

・学級の友だちに紹介する。
・学年の友だちに紹介する。
・異学年の友だちに紹介する。

２００５年度の読書交流では、学期ごとに相手を代えて行なった。相手によって話しぶりや聞きぶりが変わり、その都度意欲も異なってくる。

このように、読書交流は、ねらいに沿って方法、形式、相手を代えて多様に行なうことができるのである。

◆「読書交流」のよさとは◆

「読書交流」には以下のような利点がある。

・互いに「おもしろい本」を紹介し合うことによって、子どもたちの読書意欲を高めることができる。

・すでに読んだ本の場合であっても、友だちの感想に対し共感したり新しい感じ方にふれたりすることができる。それによって、本に対する愛着が増したり、再び読みたいという気持ちになったりする。

・読書郵便やポスターなどの掲示による紹介と異なり、その場で質問や感想を返し、より本のことを知ることができる。また、相手の反応によって、自分の紹介がどうだったかも直接知ることができる。

・互いの感想や紹介を聞くことは、相手の感じ方や考え方を知ることにつながる。本を介して互いを知るよい機会となっている。

◆やってよかったと思える「読書交流」に◆

いかにコミュニケーションタイムを積み重ねてきたとはいえ、よい交流ばかりではない。自分の話すことばかりに気をとられ、緊張して友だちの紹介を身を入れて聞けないことがあった。聞き手の目的は「次に読みたい本を決める」ことであったにもかかわらず、あらすじをすべて話してしまって、聞き手の興味をそぐこともあった。

では、子どもたちが「よかった」と成就感がもてる活動は、どのようなものだろうか。本校では次のように考えている。

1．聞き手にねらいのある活動にすること

どんなに話し手がつたなくても、聞き手が、もっと知りたいと感じていれば、おのずと本のことについてやりとりが生まれる。「発表会」ではなく「交流」をめざすには、「聞きたい」と思わせる活動や活動のねらいを設定することが大切である。

2．話し手が聞き手意識をもつこと

たとえば、「聞いてくれる友だちに自分の紹介する本を読みたいと思わせよう」といったねらいであれば、聞き手にとってよい紹介とは何か、と子どもたちは考える。支援としては、あらすじを最後まで言わない、時にはクイズなども取り入れる、といった聞き手を惹きつける具体的な手だてを示すことも必要となる。

3．形式的にならないこと

「ぜひ読んでください」など、必要のない決まり文句を入れない。本を紹介すること自体が「読んでほしい」気持ちの表れなのだから、「先を知りたい」「続きを読んでみたい」と聞き手が感じるような紹介の工夫が大切である。自分の意見のおしつけにならないよう気をつけなければならない。また、立て板に水のようなスピーチの後、「感想はありませんか」と言われても、聞き手はどう返してよいのかわからない。ねらいは交流であり、聞き手ありきで成立する。型よりねらいを大事にし、聞き手の反応を見るゆとりがほしい。そのためにも、読書交流の時間は、ふだん通りの気楽な時間でありたい。話し手も聞き手も互いを大切にする気持ちで臨ませたい。

これから紹介する読書交流体験活動の三つの実践例は、形式も紹介のしかたも活動のねらいも異なる。しかし、どれもねらいが明確で、子どもたちの読書意欲がたいへん高まった実践である。

実践例：2年生「好きなお話を紹介しよう」——音読を取り入れて

①シリーズの本に親しむ

本が好きな子どもたちには一人ひとりにお気に入りの本がある。しかし好きなジャンルに偏りがあったり、図鑑など絵や写真が多い本ばかりを見る子もいる。そこで子どもたちの読書の世界をさらに拡げたいという思いから、国語科の学習と関連させていろいろなジャンルの本と出会えるようにしてきた。たとえば「ふきのとう」(工藤直子作)を授業で扱った時には工藤直子の本、「たんぽぽのちえ」(植村利夫作)を授業で扱った時には植物の本、「スイミー」(レオ・レオニ作、谷川俊太郎訳)を授業で扱った時にはレオ・レオニの本、「サンゴの海の生きものたち」(本川達雄作)を授業で扱った時には、水辺の生き物の本をボックスに置いたり、読み聞かせをしたりしてきた。
この活動では、アーノルド・ローベルの「お手紙」（三木卓訳）の学習を入り口として「がまくんとかえるくん」のシリーズ（三木卓訳、文化出版局）の本に焦点を当て、さらに子どもたちの読書の世界を拡げようと考えた。この活動を次に示す（図3－7）。

②音読によって作品を楽しむ

子どもたちは音読が好きである。登場人物になりきって表現できるのもこの時期の子どもたちのよさである。今回の活動で扱う「がまくんとかえるくん」のシリーズは、がまくん・かえるくんの交流を2匹の会話を中心に描いている作品が多い。2匹のユーモアある掛け合いのおもしろさは音読に適していると考えた。

まず、音読の楽しさを味わわせるために国語科の「お手紙」の学習で場面の会話文に注目して読み進めた。会話文に込められたがまくんやかえるくんの気持ちを教科書に書き込んだり、時には、がまくんやかえるくんの顔を絵に描き、それをお面にしてかぶりながら登場人物の気持ちを表したりした。そうすることにより表情豊かに音読したり、登場人物になりきって楽しめた。

その学習に引き続き行なった読書交流でも、本を紹介する時の方法として音読を中心とした。

この活動のねらいは次の2点である。

1. 好きなところを音読して、友だちが読みたくなるような紹介をしよう。
2. 友だちの紹介を聞いて次に読む本を決めよう。

●図3-7　読書交流の活動案

第2学年　読書活動案

1　ねらい　シリーズの本の読書に親しむことができる。
2　活動名　がまくんかえるくんシリーズの好きなお話を紹介しよう
3　図書　『ふたりはともだち』
（「はるがきた」「おはなし」「なくしたボタン」「すいえい」「おてがみ」）
『ふたりはいっしょ』
（「よていひょう」「はやくめをだせ」「クッキー」「こわくないやい」「がまくんのゆめ」）
『ふたりはいつも』
（「そりすべり」「そこのかどまで」「アイスクリーム」「おちば」「クリスマスイブ」）
『ふたりはきょうも』
（「あしたするよ」「たこ」「がたがた」「ぼうし」「ひとりきり」）
（アーノルド・ローベル／作・絵、三木卓／訳、文化出版局）
4　活動計画〔チャレンジタイム：4M（60分）＋課外〕
・アーノルド・ローベルの「がまくんとかえるくん」シリーズを読む　〔読書タイム1M（15分）＋課外〕
【本時】・好きなお話を選び、音読の練習をする　〔2M（30分）〕
・**好きなお話を紹介する**　〔1M（15分）〕
・他のシリーズの本を紹介する　〔1M（15分）〕

③読書交流

◆お気に入りのお話を見つけるために◆

この活動をするにあたって一人一冊必ず本があるという状況をつくるために、公共図書館からも本を借りて、36冊（シリーズ全4冊×9グループ分）の本を準備した。

自分の選んだ本をじっくり読むこと、紹介文を考えること、音読の練習をすることにおいて手元に本があるということはとても重要である。

◆「お手紙」での学習を生かして◆

今回の本の紹介ではこれまでの読書交流の経験を生かし、紹介の前半は本の書名、好きな話の題名などを中心にした。さらに紹介の後半では「お手紙」の学習を生かし、音読を中心に行なった。

また同じ主人公でもお話によっていろいろな表情を見せるのがシリーズを読むおもしろさでもある。子どもたちには「比べて読む」経験をしてもらいたいと思い、音読をはさんだ後半の紹介では「お手紙の○○くんと同じで（違って）」という一文を入れて紹介を行なうことに決めた。

紹介に入れる同じところや違うところは必ずしもお話の主題をとらえていなくてもよいことにした。これにより子どもたちは次のように二つのお話を比べて読むことができた。

「お手紙のかえるくんと同じでよていひょうをとりかえそうとしてくれるやさしいかえるくんです。」
（『ふたりはいっしょ』から「よていひょう」）

「お手紙のがまくんとちがって、がまくんはしょくぶつをそだてることをあきらめませんでした。」
（『ふたりはいっしょ』から「はやくめをだせ」）

◆音読の工夫◆

紹介の中心となる音読は、一番好きな場面（だいたい2ページ程度）を読むこととした。この活動では国語科の学習で行なった場面の様子を考えて読むこと以外にも、本の持ち方を工夫した。本のおもしろさが伝わる音読、友だちに興味をもってもらえる音読という観点でいくつか教師が例を見せ、音読する時の持ち方を考えた。この活動では、読み聞かせをする時のように挿絵が見えるような本の持ち方が採用された。これは子どもたちが好きな場面を選ぶ際に挿絵もポイントとして選んでいたからであると思われる。

一番好きな場面を音読する

挿絵を見せながら読む場合、子どもたちの力では腕だけで支えると本が不安定になるので机の上に立てて読むようにした。

◆グループで好きなお話を交流する◆

グループでの交流は表3－11の流れで行なった。

グループでの交流が始まると子どもたちは自分の好きなお話を伝えようと一生懸命に話していた。紹介の流れを教室の横に掲示して

●表3－11　活動の流れ

配時（分間）	活動の流れ
15	がまくん・かえるくんのシリーズの中の好きなお話を紹介しよう。 1　4人グループで好きなお話を紹介し合う。 ・好きなお話のタイトル ・お話の中で一番好きなところの音読 ・そのお話が好きな理由 2　全員の紹介が終わったら、お互いの好きな話を読んだり、好きな話について話し合ったりする。

おき、いつでも確認できるようにしたので、安心して紹介できたようである。聞いている子も次に読む本を決めるという目当てがあるので、真剣なようすで聞いていた。

紹介した後の感想は、音読についての評価になりがちであるが、子どもたちはこれまでの読書交流の経験から本の内容に関することについて自然に話していた。

紹介を終えると本を交換し、友だちが紹介した話を真剣な表情で読んでいた。好きなお話の紹介時間の終わりを告げると、「もっと読みたい」という声がたくさん上がるほどであった。

④紹介を終えて

読書交流による本の紹介後、子どもたちは朝の読書タイムなどで友だちの紹介した本を読むようになった。全員の分の本があったので読みたい時に読むことができている。

「終わったあと本を読んで、どの本も1冊1冊ゆっくり読んだからよくわかって、面白いのもありました。特に面白かったのは『ふたりはいつも』です。」

「Sさんの紹介した本の「アイスクリーム」というお話が面白かったです。」

「ほかの人の紹介では『ふたりはいっしょ』が一番面白かったけど、やっぱり私の選んだ本がおもしろかったです。」

また、「がまくんとかえるくん」シリーズとともに、アーノルド・ローベルの他の作品も「アーノルド・ローベルの本のコーナー」をつくって置いたところ、子どもたちは興味をもって読んでいる。コーナーに置いた本は表3－12の通りである。

●表3－12　アーノルド・ローベルの本のコーナーに置いた本

書名	訳者	出版社
どろんここぶた	三木卓	文化出版局
とうさんおはなしして	三木卓	文化出版局
やどなしねずみのマーサ	三木卓	文化出版局
いろいろへんないろのはじまり	まきたまつこ	冨山房
ふくろうくん	三木卓	文化出版局

おはなしばんざい	三木卓	文化出版局
きりぎりすくん	三木卓	文化出版局
ローベルおじさんのどうぶつものがたり	三木卓	文化出版局
ぼくのおじさん	三木卓	文化出版局
いたずら王子バートラム	ゆもとかずみ	偕成社

⑤活動をふり返って

子どもたちはたいへん意欲的に、読書交流を楽しんで活動していた。またアーノルド・ローベルの作品の読書にもつながり、また一つ子どもたちの読書の世界が拡がった。

シリーズに対する意識については、他のシリーズの本も継続的に紹介している段階であるが、図書室で見つけるとうれしそうに借りてきたり、読み聞かせの時に「あっ、前にも出てきたことがある」などと話したりしており、少しずつシリーズの本や同じ作者の本を読みたいという意識が拡がってきている。今回の活動では、子どもたちの表現力に驚かされるとともに、読み聞かせを継続してきたことが音読の工夫にも結びつき、日々の積み重ねの大切さがわかった。

「がまくんとかえるくん」シリーズでは、今回のような活動形態のほかにも全員がシリーズすべてを読んだうえで好きなお話を紹介し合い、グループで一つの作品を選んで役割読みするという活動も考えられる。これによりさらに、お話の世界に入り込んで楽しく活動できるのではないだろうか。

ほんのちょっとしたはたらきかけではあるが、その大切さをあらためて知ったように思う。心に残る本との出会いの場をこれからもつくっていきたい。

実践例：3年生「本の帯をつくるために」――グループで

①本の帯をつくる意義を理解させる

国語三年上（光村図書）「四　本と友だちになろう」に本の帯をつくる単元がある。子どもたちには事前に、夏休み中に読んだ本の中からお気に入りの一冊の本の帯をつくることを伝えておいた。子どもたちの中には実際に本の帯を見たことのある子も多くいたが、それほど気にとめてはいなかったようである。

そこで、まずさまざまな本の帯を紹介した。帯そのものの大きさや色の違い、文字の大きさの違い、また、絵が帯いっぱいに描かれているものもあることなど、帯づくりの工夫を知ることになった。そして、何よりも子どもたちの多くが、本の帯を紹介した本を「読みたい」という気持ちになっていった。自分たちの実感で、「本の帯を見た人はその本を手に取りたくなる」ということに気づいたのである。つまり、「本の帯」には「その本、読みたい」という気持ちにさせるねらいがあるということを学んだのだった。

本の帯にはその本のおもしろさが凝縮されている。おもしろみがぎゅっとつまった本の帯はそれだけで、ふっと本を手に取らせることができる。子どもたちはそんな不思議な力をもった本の帯に魅了され、自分たちも「本を手に取ってもらえるような本の帯をつくるんだ」という意欲でいっぱいになっていった。

②本を手に取ってもらえる喜びを感じさせる

初めての帯づくりでは、どのことばや文を帯に書いたらよいかわからないという子が大勢いた。たしかに、本の主題となる部分を書き出している子もいたが、大半の子どもたちはただ漠然と「心に残った」というだけで、「どこが心に残ったのか」は定かになっていなかった。そこで、どの部分を選べばよいかわからない子には、一緒に本のページをめくりながら「どこが心に残ったのか」を思い出す手助けをした。

夏休みに読んだ本の帯

また、この段階では自分のつくった帯によって、友だちが本を手に取ってくれることの喜びを感じてほしかった。そこで、できあがった帯は丁重に本につけ、教室の後ろに並べておいた。子どもたちは友だちのつくった帯のついた本を読み、付箋に感想を書いて本に貼っていった。「図書室で見つけた時は読みたいと思わなかったのに、Aさんの帯を見て読みたいと思ったよ」と話す子もいた。

こうして、子どもたちは友だちが自分のつくった帯を見て、本を手に取ってくれる喜びを強く感じることができた。

③手に取りたくなるような本の帯に

◆何のために、だれのために◆

帯づくりに夢中になった子どもたちから「おすすめ10冊」にも本の帯をつけたい、という意見が出た。そこで、10冊の中で自分が一番好きな本で帯をつくることに決めた。目的は次の3年生が「おすすめ10冊」を手に取りたくなるような本の帯をつくるということであった。そのために、子どもたちは自分の一番お気に入りの一冊を再読し始めた。今度は、「この文がいいな」とか「この場面を帯に書いたらどうかな」などと付箋を貼りながら読んでいった。

このように、何のために帯をつくるのか、誰のために帯をつくるのかをはっきりさせることで子どもたちの意識に変化が表れた。明確で具体的なゴールを先に示すことは意欲を持続させるためにも重要である。

◆話の「起承転結」を知る◆

前述したように、夏休みに読んだ本の帯づくりを行なった結果、どんなことばや文を帯に書いたらよいのかということが課題としてあがった。つまり、子どもたちは自分が選んだ本のおもしろさを十分に理解していない状態で、その本のおもしろさを帯にして伝えようとしていたのである。

本のおもしろさにはいろいろある。登場人物の行動や人柄、出来事、物語の筋など実に多様だ。その中でも特に、子どもたちには話の展開のおもしろさを知ってもらいたいと感じていた。いわゆる「起承転結」である。子どもたちには「お話の山」というよび方で浸透させていった（図3－8）。

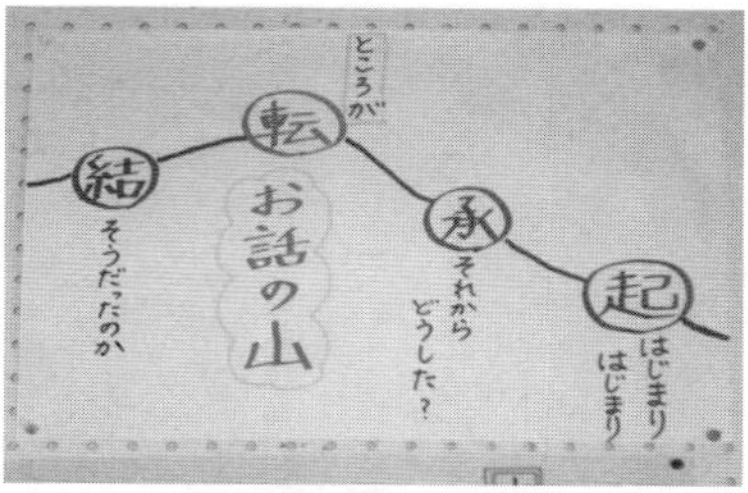

●図３－８　起承転結「お話の山」

では、なぜ本の帯をつくるにあたり、話の「起承転結」を意識しなければならなかったのか。それは、話の「起承転結」を知ることで、続きが読みたくなる本の帯に仕上げることができるからである。たとえば、一般的に「転」の部分は話が一番盛り上がるところである。したがって、「転」の部分のことばや文を帯に書くことで、読み手にこの後、続きはどうなるのだろうと思わせることができる。また、逆に「結」の部分を多く書きすぎてしまうと、読み手があえて本を手に取る理由がなくなってしまい、本を読む意欲が損なわれてしまうということがある。

ただ思いつくままに本の帯に書くことばを決めるのではない。本の帯の意義や意図を知ったうえで帯に書くことばを選ぶことが、より手に取ってもらいやすい本の帯をつくるのに必要なのではないかと考えた。

※起承転結については齋藤孝著『こくごであそぼ』（文藝春秋）を参考にさせていただいた。

④グループで話し合う

帯をつくる目的のもとで、子どもたちは本についてグループ交流するわけだが、「グループで話し合う」という行為がやや形式的になりつつあった。順番を決めてただ心に残った文を伝え合うだけでは、グループ交流の利点は生かせない。グループ交流では本についてことばを交し合い、思いを重ねていく中で、自分では気づかなかった魅力を発見したり、もっとその本を好きになったりすることをめざしている。

そこでグループでの話し合いができるいくつかの活動を行なった。すべてが読書交流というわけではないが、確実に話し合いの力がついた活動の例である。

◆短編の話で感想交流◆

まず、見開き4ページ程度の短編の話で心に残った文について感想交流をする活動を行なった。聞かせ読みをし、その間子どもたちは各自、心に残った文に線を引く。その後、4、5人のグループで集まり、それぞれの心に残った文について思ったことを交流した。

この活動は15分間で行なうことができるため、チャレンジタイムなどで何度も繰り返し行なった。友だちが話す時には、自分と同じところを選んでいないか、違う文を選んでいても考えたことは似ている人はいないかを考えながら聞くように支援した。そのうちに、「私もその文いいなって思ったよ」「ぼくもそこで同じこと思ったよ」というように聞き手が話し手に質問や感想を返せるようになっていった。聞き手側に「話を聞く」という意識が生まれたのである。聞いてくれる人がいるから安心して話せる、そのような雰囲気をつくり上げることはグループで読書交流を行なう大前提である。

◆帯の書き方について話し合う◆

次に、同様に短編の話でグループごとに一つ本の帯をつくり、帯の書き方について話し合う活動を行なった。各グループのできあがった帯を見合って、字の大きさ・バランス・絵の配置・帯の色などについて助言し合った。この時話し合ったことは、そのまま帯を書く際の留意点となり（図3－9）、

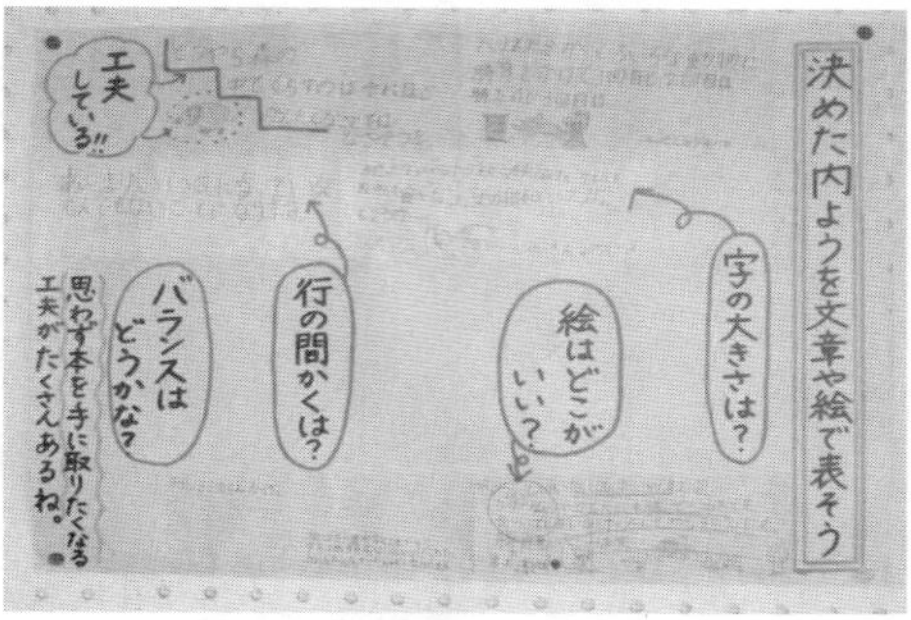

●図３－９　帯を書くときの留意点

その後の「おすすめ10冊」の本の帯をつくる時にも活かされていた。

他のグループからのアドバイスを参考にして、新たに帯を書き直したことによって、さらに手に取ってもらえるような本の帯になったと子どもたちは喜んでいた。

◆戦争・平和の本の読書紹介カード◆

国語科「ちいちゃんのかげおくり」（あまんきみこ作）の関連図書で戦争・平和の本を何冊か読み聞かせした。その中で一番心に残った本について話し合い、「読書紹介カード」を書く活動をした。話し合いや読書紹介カードの内容は、これまでと同じく心に残った文とその文から思ったことである。戦争・平和の本はテーマがはっきりしているので、子どもたちは心に残った文がいくつも見つかった。子どもたちの仕上がりの満足感も大きいので、おすすめしたい読書交流である。

読書紹介カードを書く活動中、あるグループからはこんな声が聞こえてきた。

「この『ドーン』っていうの、もっと大きくて太い字にしたら。すごく大きな音だったと思うし」

帯の書き方について話し合ったことが、この活動でも活かされていた。さまざまな活動がこのよう

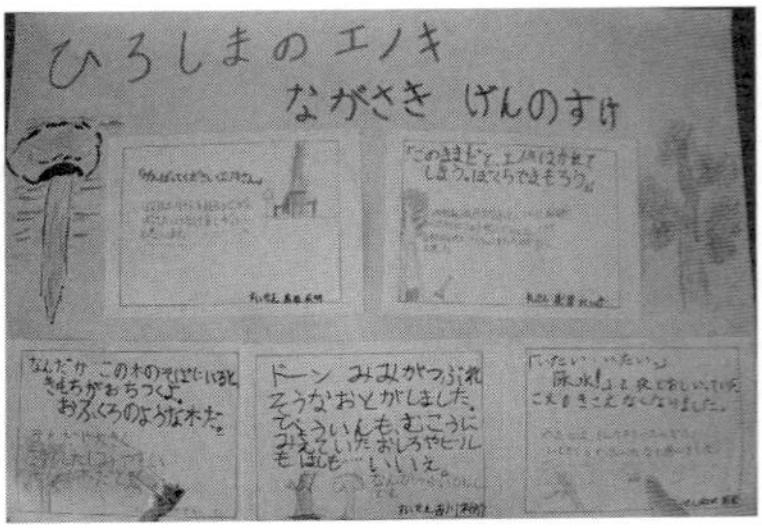

「ひろしまのエノキ」読書紹介カード

「かわいそうなぞう」読書紹介カード

にして積み重なり、次につながっていくようすが読書紹介カードをつくる活動からもわかった。

⑤「おすすめ10冊」の本の帯をつくる

さまざまな読書活動を行なう中で、帯についての理解や話し合いの力が子どもたちに備わってきた。図3－10は、「『おすすめ10冊』の本の帯をつくろう」の実践例である。

まず、10冊の中で一番心に残った本を選んだ。結果、一冊の本ごとに3、4人の子どもたちが集まった。次に、心に残った文とその文から思ったことをワークシートに書いた。また、あらかじめ選んだ文があるページに付箋を貼っておき、読書交流の際にさっと本を開いて心に残った文を話すことができるようにした。

グループでの話し合いの時は本の位置を定め、本のページをめくりながら話し合った。子どもたちは、胸を高鳴らせながら自分の選んだ文を伝えていた。

表表紙側の帯には「心に残った文」を書き写し、裏表紙側には「お話を一言で表した文」「あらすじ」「本の感想」などを書くように指示した。絵の色塗りなどもあるため、15分間で帯は仕上がらな

●図3－10「『おすすめ10冊』の本の帯をつくろう」の実践例

1　ねらい　心に残ったところを伝え合い、楽しんで本の帯をつくることができる。
2　活動名　「おすすめ10冊」の本の帯をつくろう
3　活動計画〔2M（30分）〕
・一番好きな本を選び、心に残ったことばや文をワークシートに書き写し、そのことばや文から思ったことについて書く。〔1M（15分）〕
・心に残ったところについて伝え合い、本の帯をつくる【本時】〔1M（15分）〕
4　展開
1．その本が一番好きなグループで、心に残った文を伝え合う。
2．伝え合いが終わったグループから、一人ひとり本の帯をつくる。

かったが、その後の15分間でほぼ全員の帯が完成した。

⑥「おすすめ10冊」の本の帯の工夫について交流する

帯を仕上げた後、自分の帯の工夫について話し合う活動を設けた。同じ本の帯をつくっていても、同じものは一つとしてない。だからこそ、自分の帯のお気に入りのところがあったり、また友だちのアイデアも「いいなあ」と感じたりすることができるのである。

たとえば、『火よう日のごちそうはひきがえる』（ラッセル・E・エリクソン作、ローレンス・ディ・フィオリ絵、佐藤涼子訳、評論社）を選んだグループでは緑色の紙を使って帯をつくる子と黄色の紙で帯をつくる子がいた。緑色の帯にした子はその理由を「『かえる』のお話だから緑にしたよ」と話していた。

また、黄色の帯にした子は「本の表紙の色が黄色だったから、それに合わせたよ」と話していた。ほかにも、なぜこの挿絵を描くことにしたのか、文字の大きさやバランスはなぜこのようにしたのか、などについて伝え合った。

このように本の帯を介して、友だちの考え方を知るきっかけになったり、紹介する本にますます愛着がでてきたりするのが、この活動のよいところである。

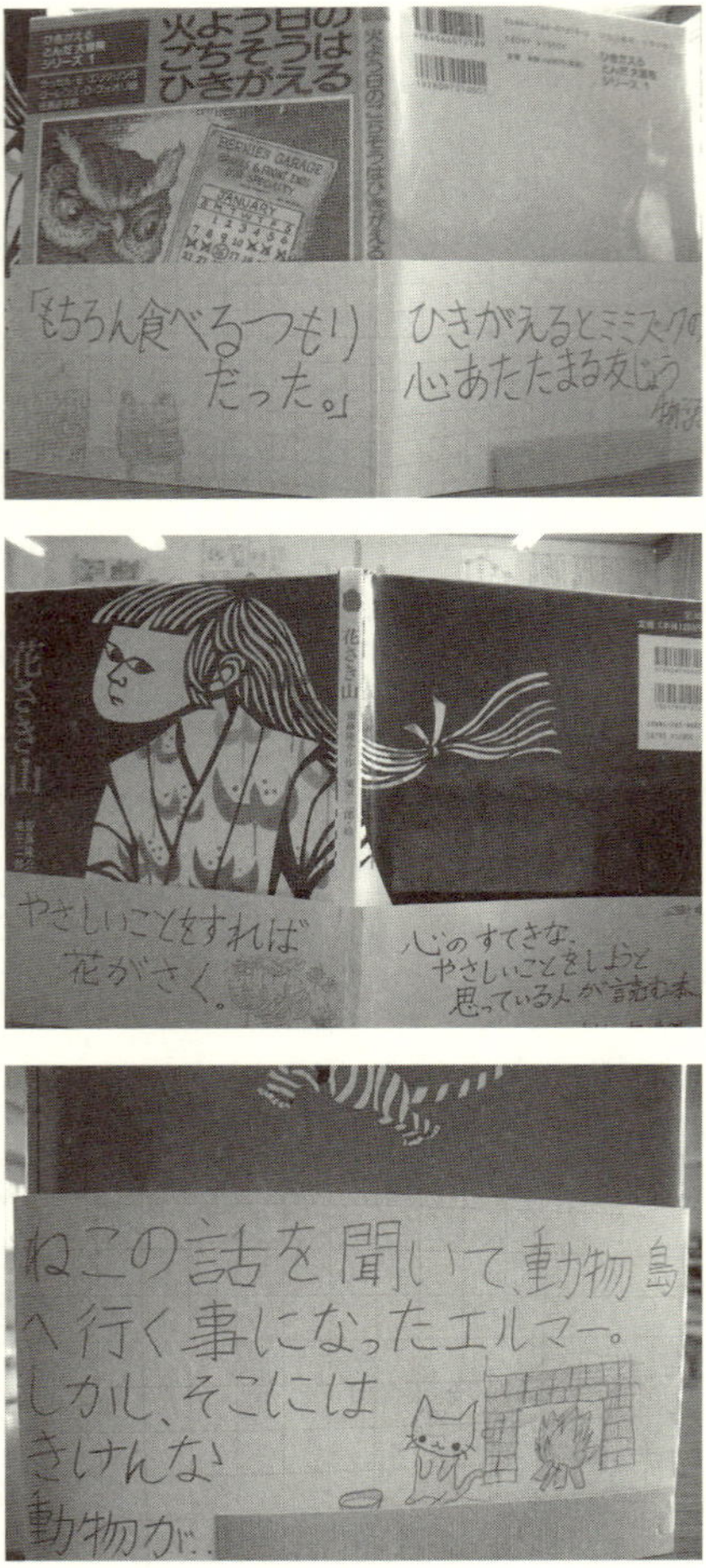

「おすすめ10冊」の本の帯

⑦本の帯をつくった子どもたちの反応

「おすすめ10冊」の本の帯をつくり終えた子どもたちの感想である。


〈本の帯について〉

「はじめて本の帯をつくったとき、本の帯ってそんなに重要なんだなと実感しました。それから私は本の帯をつくるのが大すきになりました」

「自分ががんばってつくった本の帯だから、次の3年生に喜んでもらえたらうれしいなと思いました」


〈グループ交流について〉

「心に残った文をみんなに話して、『これで大じょうぶかな』と思っていたけど、みんなが『いいね』と言ってくれて安心しました」

「ぼくは、本の帯をつくる話し合いで、友達に質問や感想を返せるようになりました」


〈できるようになったことについて〉

「本の帯をつくってきて、できるようになったことがたくさんあります。たとえば、話し合いが上手になったり、文章をまとめるのが上手になったりしました」

「本の帯をつくるとき、話し合いがスムーズにできるようになりました。本のことについて話し合うのが楽しく、おもしろくなってきました」


〈活動を終えて〉

「本の帯をつくったおかげで、本が前よりもっとすきになりました」
「これからも読書活動を通して、たくさんの本を読んで、国語の力をもっとつけたいです」

たくさんの子どもたちが本の帯をつくることは楽しいと感じていた。それだけではなく、子どもたち自身が話し合いの力や文章をまとめる力がついたと実感している。また、「もっと本を読むようになった」「もっと本が好きになった」と、読書意欲や本に対する愛着も高まったようである。

本の帯をつくるという明確な目的があったからこそ、本について多くのことを話し合い、そしてさまざまな力がついたといえるのではないだろうか。子どもたちの感想からも、本の帯をつくるという目的をもち、グループ交流することがいかに有効であるかがわかった。

実践例：6年生「夏休みに読む本を決めよう」――対話で

6年生は、これまでに何回か読書交流を行なってきているのだが、子どもたちが意欲的に活動するには、その活動自体に意味をもたせなければならない。そこで、夏休みに読む本にスポットを当てた。この時期よく耳にするのが「読みたい本が見つからない」ということばだ。6年生にもなると好んで読む本が偏ってくる傾向があり、自分の好きな分野以外の本を手に取ろうとはしない子どもが多い。そこで、子どもたちがこれまで読んだ本の中から「夏休み（比較的時間に融通のきく時期）にぜひ読

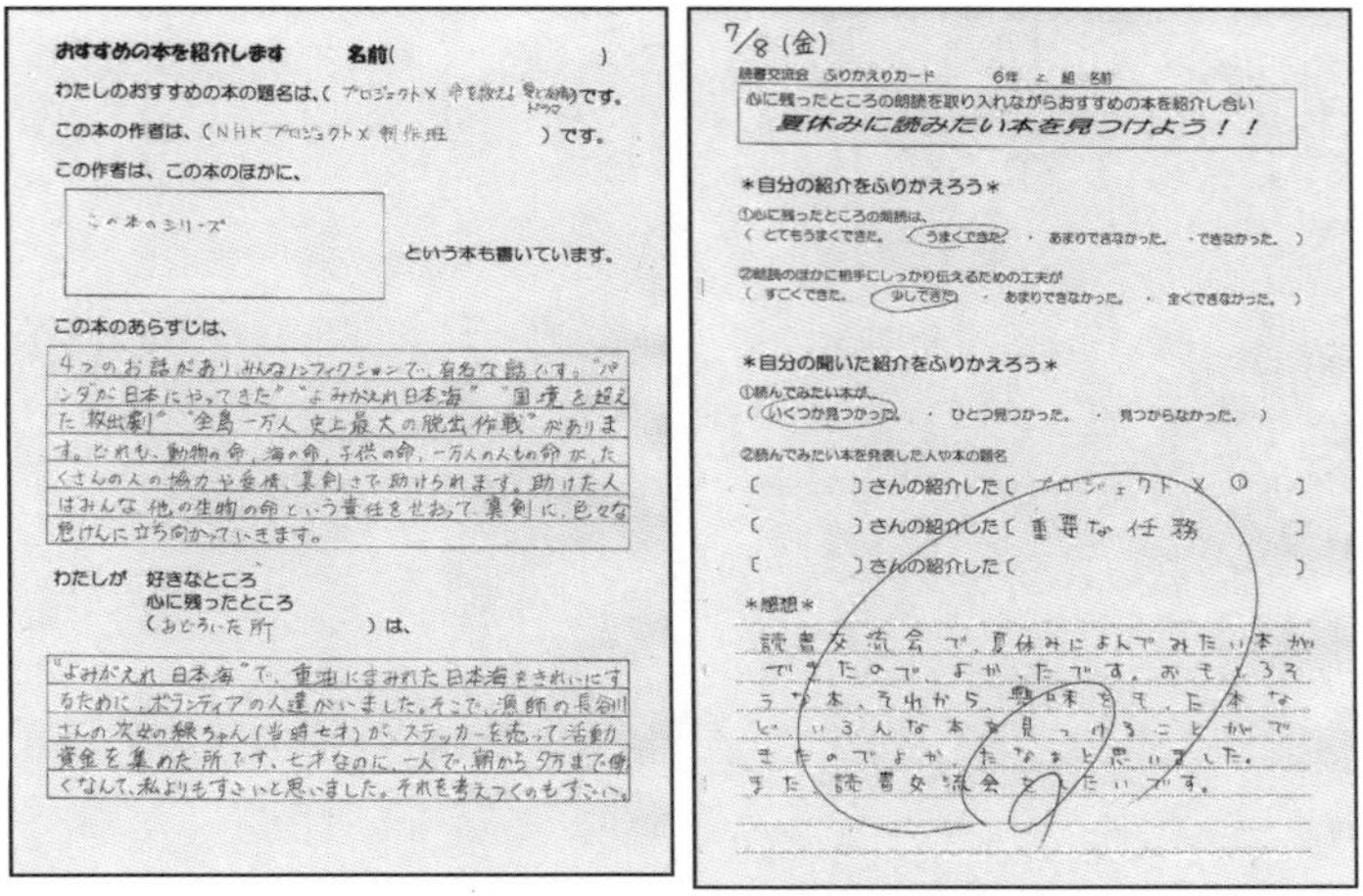

おすすめの本を紹介します　　名前（　　　　　　）

わたしのおすすめの本の題名は、（プロジェクトX 命を救えよ 愛と勇気のドラマ）です。

この本の作者は、（NHKプロジェクトX制作班　　　）です。

この作者は、この本のほかに、

この本のシリーズ

という本も書いています。

この本のあらすじは、

4つのお話がありみんなノンフィクションで、有名な話です。"パンダが日本にやってきた""よみがえれ日本海""国境を超えた救出劇""全島一万人 史上最大の脱出作戦"があります。どれも、動物の命、海の命、子供の命、一万人の人もの命が、たくさんの人の協力や愛情、真剣さで助けられます。助けた人はみんな他の生物の命という責任をせおって真剣に、色々な危けんに立ち向かっていきます。

わたしが　好きなところ
心に残ったところ
（おどろいた所　　　　）は、

"よみがえれ日本海"で、重油にまみれた日本海をきれいにするために、ボランティアの人達がいました。そこで、漁師の長谷川さんの次女の緑ちゃん（当時七才）が、ステッカーを売って活動資金を集めた所です。七才なのに、一人で、朝から夕方まで働くなんて、私よりもすごいと思いました。それを考えつくのもすごい。

7/8（金）

読書交流会　ふりかえりカード　　6年　2組　名前

心に残ったところの朗読を取り入れながらおすすめの本を紹介し合い
夏休みに読みたい本を見つけよう！！

＊自分の紹介をふりかえろう＊

①心に残ったところの朗読は、
（とてもうまくできた。・うまくできた。・あまりできなかった。・できなかった。）

②朗読のほかに相手にしっかり伝えるための工夫が
（すごくできた。・少しできた。・あまりできなかった。・全くできなかった。）

＊自分の聞いた紹介をふりかえろう＊

①読んでみたい本が、
（いくつか見つかった。・ひとつ見つかった。・見つからなかった。）

②読んでみたい本を発表した人や本の題名

〔　　　〕さんの紹介した〔プロジェクトX ①〕

〔　　　〕さんの紹介した〔重要な任務〕

〔　　　〕さんの紹介した〔　　　〕

＊感想＊

読書交流会で、夏休みによんでみたい本ができたのでよかったです。おもしろそうな本、それから、興味をもった本などいろんな本を見つけることができたのでよかったなぁと思いました。また、読書交流会をしたいです。

●図3－11　「夏休みにぜひ読んでみたらよい」お薦め本（児童のワークシートから）

おすすめの本紹介のようす

んでみたらよい」というおすすめの本（できるだけ長編のもの）を紹介する活動をすることにした（図3－11）。

子どもたちにとってこの活動は好評で、活動を終えてから「先生、読みたい本がたくさん見つかった」ということばがとても多く聞かれた。

また、自分が紹介する本は、相手がまったく知らないことを想定しているので、内容を相手にわかりやすく短く要約する力、自分のおすすめのポイントを語る力、本一冊の中からキーワードになることばを抜き出す力など、国語科で養うべき力が少しずつ身についてきたように感じた。

本校では、夏休み中も学校図書館を開館している。今年の夏休みは、冊数こそ昨年とあまり変わらないが、読みごたえのある本を手に取る子どもが増えてきたのが成果である。

❀「読書交流（読書交流体験活動）」の実践を通して（笹倉）

読書交流とは、読書感想交流を日常的な実践の場につなげる活動である。子どもたちは自分が読んで楽しかった本の感想を周囲の友だちに話すことがある。このように一般的に読んで楽しかった本は、友だちどうしの口コミで広がっていくことが多い。ここで扱う読書交流体験活動は、口コミのような形態ではなく、自分の読んだ本の感想を系統立てて友だちに紹介する読書活動である。

具体的にはペアやグループ（3、4人）になり、本を見せながら読んだ本の感想を伝えていく。実際に授業を参観すると、自分が読んだ本の楽しさを相手にもわかってもらえるように、さまざまな工夫を凝らした紹介が目についた。本の表紙や挿絵を見せたり、ある部分の読み聞かせをしたりしながら、聞いている友だちにも読んでほしいという子どもたちの気持ちが伝わってきた。

このような読書交流体験の場を設けて実施している学校はまだ少ないように思われる。今後、児童がさまざまな本に挑戦していく足がかりをつくるという意味でも、このような読書活動をぜひ取り入れてほしい。

児童は友だちがどのような本を読んでいるのか、とても関心をもっている。それだけに読書交流体験活動では各自が真剣な表情で聞いていた。また、友だちに本の紹介をする場面では、本の感想をまとめたり、相手にわかりやすく説明しようとする表現力が育っていると感じた。

その他にも、本節ではさまざまな読書交流体験が紹介されている。日常の教育活動に根づいた読書交流体験となるよう各学校で創意工夫してほしい。打ち上げ花火のようなその時だけの読書活動で終わらないことが大切である。

アメリカの学校の中には、今後どのような本を読むかを話し合ったり計画したりする読書プログラムを設けている学校もある。現在、日本の学校の読書プログラムは断片的な取り組みが多いが、今後系統的に子どもと本をつなぐような読書プログラムが計画されることを願っている。

7. 日頃の読書活動

①高学年の子どもたちの実態

高学年になると、読書の好きな子とそうではない子の差がかなり大きくなる。忙しい中でもなんとか時間をつくり毎日のように図書室に通う子もいれば、声をかけなければなかなか本に手をのばせない子もいる。
また、読書量が多くても、読んでいる本に偏りが見られる子が多い。子どもたちの読書生活をふり返ってみても、「よく本を読んでいると思っていたが、似た傾向の本ばかりだということに気がついた。もっといろんな本を読んでみたい」という声が多数あった。

②5年生では

◆「5年生おすすめ10冊」◆

各学年の「おすすめ10冊」は、いろんな分野から選んである。しかも、学級に置いてあるのですぐ手に取ることができる。ただ、1年間でこれらのすべての本にふれてもらうためには工夫が必要である。

読むのにあまり時間のかからない本は読み聞かせをすることにした。たとえば、『絵ときゾウの時間ネズミの時間』（本川達雄文、あべ弘士絵、福音館書店）に手をのばす子が多数みられたが、内容はかなりむずかしい。そこで少し説明を加えながら読み進めると、「自分で読んだ時はわからなかったけど、読んでもらったらよくわかった」という声が聞かれた。また、科学読み物にあまり関心を示していなかった子も、その後自分で読みなおしている姿がみられた。『葉っぱのフレディ』（レオ・バスカーリア作、島田光雄絵、みらいなな訳、童話屋）は、道徳の資料として読み聞かせ、みんなで感想を交流することができた。

すべての本を読み聞かせるわけにはいかないので、毎朝の当番のスピーチで子どもたちが本の紹介をする期間を設けた。子どもたちは友だちに影響されて読む場合が多いので、これは大きな成果を生んだ。

また、担任が読書する姿を見せることも子どもたちの意欲を高めることにつながった。『ハッピー・バースデイ』（新井素子著、角川書店）を涙しながら読んでいると、「先生、何読んでるの？」と、子どもたちが興味深そうに近寄ってきたこともあった。

◆ブックトーク◆

「おすすめ10冊」以外にも、学級文庫としてたくさんの本が置いてある。それらの中の何冊か（『ふたりのイーダ』（松谷みよ子作、司修絵、講談社）『キャプテンはつらいぜ』（後藤竜二作、杉浦範茂絵、講談社）『約束』（村山由佳作、はまのゆか絵、集英社）など）は、簡単に内容を紹介したり、一部を読み聞かせたりした。紹介した本は教室の本棚にもどさず、さりげなく教師の机の上に置いたり、ミニ書架に立てておいた。すると、よく休み時間に何人かでその本をのぞきこんでいる姿を見ることができた。

また、ノンフィクションに関しては学校司書の協力を得てブックトークを試みた（第4章2節、実践例：5年生「千年の釘にいどむ」参照）。これは、ねらい通り子どもたちの読書の幅を拡げることにつながった。5年生という学年は、人の生き方を見つめることができるようになる時期でもあるのだろう。本で出会った人からいろいろな生き方を学べたようである。

◆道徳の学習の中で◆

国語科では他にも関連した図書の紹介をするよう心がけたが、生き方を学ぶ本は、道徳の授業にか

●表3-13　道徳の授業で取り上げた本（一例）

授業内容	主題	取り上げた本	作者等	出版社
オトちゃんルールはあたりまえのルール	親切	五体不満足	乙武洋匡／著	講談社
		プレゼント	おとたけひろただ／作、沢田としき／絵	中央法規出版
生きてます、15歳。	生命の尊厳	生きてます、15歳。	井上美由紀／著	ポプラ社
		のれたよ、のれたよ自転車のれたよ	井上美由紀／文、狩野富貴子／絵	ポプラ社
		たんぽぽの仲間たち	山元加津子／著	三五館
		1リットルの涙	木藤亜也／著	幻冬舎

らめて紹介することも多かった（表3-13）。

◆心に残った本◆

学年末に、今年読んだ本の中で一番心に残った本を子どもたちに選んでもらった。その中には、「おすすめ10冊」に含まれている本、学級文庫の本、国語科の学習で読んだノンフィクション、道徳で紹介した本が多くみられた。その他に、図書ボランティアに読み聞かせてもらった本を選んでいる児童もいた。

1年間取り組んできた成果がそこに表れているように思われ、喜びを感じた。

③6年生では

◆読書交流会◆

本校が、学期ごとに行なっている読書交流会では、子ども自身が学年全体の読書傾向を知ることができ、読書があまり好きではない子どもも、どんな本を読めばよいのかがわかる。友だちが読んでいた本や読書交流会で紹介された本というのは、子どもの関心を集め、それまで読まなかった分野の本や、より質の高い本に手をのばすきっかけになっている。

◆「この本おもしろかったよ」◆

6年生は、卒業前に在校生におすすめの本を選び紹介している。低・中・高学年向きの本を、それぞれ一人一冊ずつ選び、本のあらすじ、自分のおすすめの場面などを要約し、内容のイラストを添えたものである。卒業を前にして、在校生におすすめの本を紹介するということは、自分の小学生時代の読書をふり返るだけではなく、最高学年としての自覚と、それにふさわしい読書のあり方を、少し背のびして客観的に考えることになる。中

5年生との読書交流会

●図3－12「この本おもしろかったよ」

でも高学年に対するおすすめの本には、ふだん読んでいる本の中でも、質の高い本を選んで書くことになる。

この卒業生からのおすすめの本は印刷して、「この本おもしろかったよ」という冊子にし、各クラスと図書室に配布されている（図3－12）。冊子を広げ、仲のよかった卒業生の紹介文を探して読んでいる姿をよく見かける。また、原稿は3月・4月の間、ブックストリート（図書室へと続く廊下）に掲示し、その横に紹介された本も展示している。結果的に在校生の読書の質も高まることになる。

⑧日頃の読書活動の実践を通して（笹倉）

日頃の読書活動は、教育課程の中にどのように位置づけ実践していくかということが重要となってくる。また、教科、道徳、総合的な学習、特別活動など、各学校の年間の読書活動計画を作成する時に明確にしておく必要がある。さらに、年度ごとに重点的な課題を設けて実施するなど、常に子どもたちの読書活動が活性化されるような手だてが求められる。

また、学年が上がるにしたがって読書傾向が偏ってくることがあるので、串小学校の実践では、各学年で「おすすめ10冊」などの推薦図書をあげ、今までに読んでない領域の本を読む機会を設けている。特に、ノンフィクションや科学読み物などは接する機会の少ない子どもが多いため、積極的に推薦図書に入れていくことが望ましい。

串小学校では教科学習や道徳の中でも関連のある本の紹介をしたり、ブックトークを活用してノンフィクションなどの評価の高い本を紹介したりする時間を設けている。これらの活動は、子どもたちの読書の幅や深さを拡げる、とても素晴らしい実践である。また、本書で取り上げた実践を通して、学校図書館に専門的な職員（学校司書等）がいることの重要さをあらためて認識していただきたい。

●表3-14「この本おもしろかったよ」で紹介された本

対象学年	書名	作者等	出版社
低学年向け	「ぐりとぐら」シリーズ	なかがわりえこ／作、おおむらゆりこ／絵	福音館書店
	ノンビリすいぞくかん	長 新太／作	理論社
	「ともだちや」シリーズ	内田麟太郎／作、降矢なな／絵	偕成社
	こんとあき	林 明子／作	福音館書店
	おしいれのぼうけん／作、たばたせいいち／絵	ふるたたるひ	童心社
	「14ひき」シリーズ	いわむらかずお	童心社
	「がまくんとかえるくん」シリーズ	アーノルド・ローベル／作・絵、三木 卓／訳	文化出版局
	「ぞくぞく村」シリーズ	寺村輝夫	あかね書房
	「オバケちゃん」シリーズ	松谷みよ子／作、いとうひろし／絵	講談社
中学年向け	ほんとうの空色	バラージュ・ベーラ／著、徳永康元／訳	岩波書店
	エルマーのぼうけん	R・S・ガネット／作、R・C・ガネット／絵、渡辺茂男／訳	福音館書店
	ルドルフとイッパイアッテナ	斉藤 洋／作、杉浦範茂／絵	講談社
	星の王子様	サン・テグジュペリ／作、内藤 濯／訳	岩波書店
	クラマ博士のなぜ	山中 恒／作	理論社
	ともだちは海のにおい	工藤直子／作	理論社
	イチロー物語	佐藤 健／著	毎日新聞社

	オズの魔法使い	フランク・ボーム／作、幾島幸子／訳	岩波書店
	黒ねこサンゴロウシリーズ	竹下文子／作、鈴木まもる／絵	偕成社
	雪渡り	宮沢賢治／作	偕成社
	理科室から生まれたノーベル賞	国松俊英／作、藤本四郎／絵	岩波書店
	トムソーヤの冒険	マーク・トウェイン／作、亀井俊介／訳	集英社
	黒ねこのおきゃくさま	ルース・エインズワース／作、荒このみ／訳、山内フジ江／絵	福音館書店
高学年向け	ライオンと魔女	C・S・ルイス／作、瀬田貞二／訳	岩波書店
	冒険者たち	斎藤惇夫／作、薮内正幸／絵	岩波書店
	源平盛衰記	三田村信行／著	ポプラ社
	精霊の守り人	上橋菜穂子／作、二木真希子／絵	偕成社
	十五少年漂流記	ジュール・ベルヌ／作、末松氷海子／訳	集英社
	秘密の花園	バーネット／作、前田美恵子／訳	集英社
	三国志	羅　貫中／作、小川環樹・武部利男／訳	岩波書店
	バッテリー	あさのあつこ／著	角川書店
	タイムマシン	H・G・ウェルズ／作、雨沢　泰／訳	偕成社
	マザー・テレサ	やなぎやけいこ／著	ポプラ社
	鏡の国のアリス	ルイス・キャロル／作、脇　明子／訳	岩波書店
	子ぎつねヘレンがのこしたもの	竹田津実／著	偕成社
	「星新一」シリーズ	星　新一／著	理論社

第4章 国語科での実践例

1. 学校図書館の活用を

国語科では、「目的に応じて的確に読む」情報収集能力や、幅広く「読書に親しむ」態度を育てることが求められている。そのためには、学校図書館の活用はぜひとも必要である。そこで、私たちは「国語科　読むことと単元の読書活動との関連年間計画」（資料１）を作成して、計画的に学校図書館を活用し、子どもたちの読む力を育てることにした。

◆説明的文章での活用◆

文学的文章については、以前から関連読書は行なわれていたが、説明的文章の指導では学校図書館は十分に活用されているとはいえなかった。そこで、説明文の内容を理解するだけでなく、そこから学んだことを生かしていく過程で学校図書館を活用できるように、単元構成を工夫した。

◆単元の基本的な流れ◆

単元の第一次では、教材文の内容や構成を学ぶ。その際、子どもたちには単元のねらいや流れを示しておく。こうすることによって、子どもは見通しをもって学習に取り組むようになる。

第二次では、一次で学んだ知識や文章構成を生かして、子どもたちは書く活動に取り組む。そのためには、新たな知識が必要となってくるが、ここで学校図書館が活用されるのである。こうすることによって、子どもは目的意識をもって図書館の本を手に取り、学びを深めることができる。

ここに紹介するのは、2年生と3年生の説明文教材での実践例である。学校図書館を利用することによって、子どもたちは生き生きと学習に取り組み、確かな国語の力を身につけることができた。

実践例：2年生「サンゴの海の生きものたち」から――海の生きもの図かんづくり

①これまでの取り組み

説明文教材として、1学期に「たんぽぽのちえ」（植村利夫作）を学習した。この単元ではたんぽぽの知恵や、その知恵をはたらかせている理由を読みとり、その発展として植物について書かれた本を読んだ。ふだんは童話や物語を好む子どもたちが多いが、この機会に科学読み物というジャンルに目を向けることができた。教室に置かれた植物に関する本のボックスには、わずかの時間でも読もうとする子どもが多く集まり、見つけたことや驚きを友だちや教師に報告していた。

②授業の単元から読書活動へ

授業の単元では、図4-1のような目標と単元計画で学習を進めた。

本単元では導入で、サンゴの海やそこに住むさまざまな生き物の写真を提示した。海の生き物へのイメージをふくらませ、自然界の神秘や素晴らしさを感じてから本単元を学習することにより、他の生き物についても調べてみたいという気持ちをもってほしいと考えたからである。

第一次の学習では、美しいサンゴと海の中の生き物の共生のようすを読み進めてきた。以下は、第

●図4－1　授業目標と単元計画

1　指導目標

・書かれている事柄を、大事なところに気をつけて読むことができる（読むこと　イ）

・書こうとする題材に必要な事柄を集めて、わかったことをまとめることができる（書くこと　イ）

2　単元名　だいじなところに気をつけて読もう

3　単元の学習計画〔総時数9時間〕

配時	学習のねらい	学習活動
第一次 6時	「サンゴの海に生きものたち」（本川達雄／作）に登場してくる生き物について関わり合いを読むことができる。	全文を読み、初めて知ったことや不思議だと思ったことを話し合い、学習の見通しをもとう（2） ・全文を読み、感想を発表し合い、内容の大体をつかむ（1） ・第一、第二段落を読み、学習の見通しをもつ（1） サンゴの海ではどんな生き物がどんな関わり合いをしているのかを見つけよう。（4） ・イソギンチャクとクマノミの関わり合いについて読みとる（2） ・ホンソメワケベラと大きな魚の関わり合いについて読みとる（1） ・まとめの段落を読み、関わり合いについてふり返り、おおまかな文章の構成をつかみ、学習した感想を交換し合う（1）
第二次 3時	海や水辺の生き物について書かれている本を読み、見つけた知恵や秘密を生き物カードにまとめることができる。	海や水辺の生き物の秘密や知恵を調べて、生き物図鑑をつくろう(3) ・本を調べて紹介する生き物を探し、生き物カードを書く（2） ・友だちと紹介し合う（1）

一次学習後の子どもたちの感想である。

クマノミは、体にねばねばしたえきがあることがかかわり合いのひみつだったけど、魚にもっといろいろひみつがないか知りたいです。

サンゴの海の生きものたちに出てきた生きものはわかったけど、ほかの生きものたちはわからなくて、ざんねんでした。

ほかの魚もどんなかかわり合いをしているのかを知りたいです。

わたしは、もっといろんな魚のかかわり合いやくらし方を知りたいです。

イソギンチャクには、どくのはりのほかに何かとくちょうはあるのかをしらべてみたい。

このように、教材に出てきた生き物についてもっと詳しく調べたいとか、教材に出てこない生き物についても調べてみたいという気持ちをもって、第二次の学習に入っていった。

③本単元第二次での読書活動

◆生き物カードづくり◆

第二次は、海の生き物の秘密や知恵を調べて、生き物図鑑をつくる活動である。内容を生き物どうしの関わり合いに限定すると、図書の準備も困難で、2年生の現状にも合っていないと考え、活動のねらいを海や水辺の生き物の知恵や秘密を見つけることに設定した。

1学期に「たんぽぽのちえ」の学習で、科学読み物に親しんだ子どもたちであるが、今回の読書活動は、情報を得るという目的をもった読書である。子どもたちは、準備された図書の中から友だちに紹介しようと思う秘密や知恵を一生懸命探しながら本を選び、得られた知識をカードに記入した。

学校司書の協力を得て準備した図書は表4－1の通りである。

●表4－1　準備した図書リスト

書名	著者等	出版社
ヤマケイジュニア図鑑6　海辺の生き物		山と渓谷社
ふしぎいっぱい　魚	メアリー・リング／著、ジェリー・ヤング／写真、徳永優子／訳	BL出版
カラー自然シリーズ　魚のくらしかた	武内宏司／著	偕成社
カラー自然シリーズ　いその生物	小田英智／著、久保秀一／写真	偕成社
学研の写真図鑑16・貝やタコのくらし	小池康之／著	学習研究社
クローズアップ図鑑4　さんごしょうの生きもの	バーバラ・テイラー／著、ジェイン・バートン／写真、武田正倫／訳	岩波書店
カラー自然シリーズ　ザリガニ	小田英智／文、久保秀一／写真	偕成社

モイヤーさんと海のなかまたち　魚たちのふしぎな世界	ジャック・T・モイヤー／著、大岳知子／訳	フレーベル館
講談社こども学習百科8　水のせいぶつ	種村　鴻／著	講談社
講談社の学習大図鑑3　魚と貝の図鑑	阿部宗明・奥谷喬司／著	講談社
かがくのとも傑作集　ざりがに	吉崎正巳／文・絵	福音館書店
かがくのとも傑作集　いしがめ	金尾恵子／著	福音館書店
科学のアルバム　カメのくらし	増田戻樹／著	あかね書房
科学のアルバム　ヤドカリ	川嶋一成／著	あかね書房
科学のアルバム　海の貝	白井祥平／著	あかね書房
科学のアルバム　サンゴ礁の世界	白井祥平／著	あかね書房
科学のアルバム　いそべの生物	川嶋一成／著	あかね書房
学研のこども図鑑　みずのいきもの	本間三郎／著	学習研究社
小学館の学習百科図鑑28　水べの生物	管野　徹・松井孝爾／著	小学館
学研の図鑑　貝	奥谷喬司／著	学習研究社
講談社　動物図鑑ウォンバット2　魚	杉浦　宏／監修	講談社

◆自分のつくったカードを使って友だちと交流◆

カードができたら、友だちに自分の見つけた秘密や知恵を紹介する活動をもった。3人組で順に紹介した後、感想や質問を交流し合った。

見つけた秘密の紹介

質問や感想を交流

子どもたちは自分が見つけたことを聞いてもらうのが大好きである。カードを提示しながら、早く自分の発見を伝えたいとばかりに、意気揚々と紹介していた。それを聞いて感心する友だちのようすを見て、さらに、別の友だちにも紹介したいという意欲をもつことができた。

グループ交替の時間がくると、歓声をあげて別の友だちとグループになり、新しく知った生き物の知恵に目を輝かせていた。

友だちと交流後の児童の感想である。

Iさんのボジアカモエビは、左右の目がもののうごきをかんじるって言ってたけど、わたしは、ボジアカモエビってかんじる力をもっているからすごいなあと思いました。

Kさんのモミジヒトデの手がちぎれても、また新しい手ができると聞いてびっくりしました。

Oさんが言ってたハリセンボンのはりが四〇〇本もあるなんて、びっくりしました。聞いていたら、もっとハリセンボンのことが知りたくなりました。

Iさんのタテジマキンチャクダイのとくちょうで、海にもぐってくる人をゴッンという音でおどろかせて、にんげんをおいはらうところがすごいと思いました。

Tさんのイソギンチャクは、教科書にでていたどくのはりだけがとくちょうではなくて、いどうするときに小さな体が長くのびていくのがはじめてわかりました。

このように、友だちの見つけた秘密や知恵を興味深く、驚きをもって受け止めていた。

◆授業を終えて◆

第二次の活動では、子どもたちは意欲的に秘密を探して必要な情報を取り出し、カードにまとめることができた。「秘密を見つけよう」という目的をもって読むことにより、それを見つけた時の喜びや驚きは、達成感につながっていった。また、それを紹介した時に友だちから「そんな秘密があるのか」とか、「すごい知恵を見つけたね」などと感嘆の声や称賛の言葉を聞くことにより、自分は素晴らしい秘密を見つけられたという満足感を得ることができた。

交流後、各自が使った本を教室前の廊下にボックス図書として設置した。友だちの紹介した生き物が載っている本をもう一度自分で見たくて本を探したり、それについて話し合ったり、「〇〇さんの言ってた生き物を見つけたよ」などと確認したりする姿が見られ、ボックスの周りにはたくさんの子どもが集まっていた。

この活動は、科学読み物や図鑑にあまりふれることのなかった子どもに自然な流れの中で新しいジャンルの本を手にする機会を与え、新しい分野の読書の楽しさを感じる契機となった。

実践例：3年生「すがたをかえる大豆」から——食べ物はかせの本をつくろう

①本づくりをゴールに

この単元の第一次の学習のねらいは、「『すがたをかえる大豆』を読み、中心となる語や文、段落相互の関係に注意して、大豆のひみつを見つけることができる」こと、第二次は、「調べたい食べ物について、情報を収集したり選択したりして、段落と段落の続き方に注意して文章を書くことができる」ことである。その二つのねらいをつなげ、見通しをもって学習を進めていけるよう、子どもたちには単元を通したねらいとして「『すがたをかえる大豆』の書きぶりを学んで『食べ物はかせ』の本をつくろう」と提示した。以下は指導目標である。

- 中心となる語や文、段落相互の関係に注意して、文章を正しく読むことができる。
- 調べて書く必要のある事柄を収集したり、選択したりすることができる。
- 自分が書こうとすることの中心を明確にしながら、段落と段落の続き方に注意して書くことができる。

単元の導入でまず、教材である「すがたをかえる大豆」（国分牧衛作）を一冊の本の形にしたものを見せ、「自分たちもこんな本をつくりたい」という意欲づけをした。そして、本の完成をこの学習のゴールとして位置づけることで、「どんなふうに大豆を紹介しているか、書きぶりを学ぶ」という目的意識をはっきりもたせて「すがたをかえる大豆」を読んでいった。

●図4－2　単元構成（総時数17時間）

配時	学習のねらい	学習活動
第一次		・単元の学習を見通す
	「すがたをかえる大豆」の書きぶりを学んで「食べ物はかせ」の本をつくろう	
7時	「すがたをかえる大豆」を読み、中心となる語や文、段落相互の関係に注意して、大豆のひみつを見つけることができる。	・「すがたをかえる大豆」を読んで初めて知ったことや、すごいと思ったことを書く（1） ・感想を発表し合って大体の内容をつかみ、学習課題をもつ（1） 大豆のひみつを見つけよう（5） ・全文を読み、大豆が何にすがたをかえるのか〈ひみつ1〉を見つける（1） ・大豆をおいしく食べるくふう〈ひみつ2〉を見つけ、段落ごとにまとめる（1） ・第一、第二段落を読み、要点をまとめる（1） ・第八、第九段落を読み、要点をまとめる（1） ・「はじめ」「中」「終わり」の三つの部分は、それぞれ何について書かれているのか

		をまとめる（1）
第二次 10時	調べたい食べ物について情報を収集したり選択したりして、段落と段落の続き方に注意して文章を書くことができる。	「すがたをかえる○○」という文章をつくって、みんなで「食べものはかせの本」をつくろう（10） ・「食べ物はかせになろう」の全文を読み、調べたことを文章にまとめるまでの流れをつかむ（1） ・調べたい食べ物を決める（1） ・「本を調べる」をもとに本での調べ方を知る（1） ・図書資料などから調べたい事がらを探し、わかったことを「調べた事がらカード」に書く（2） ・調べてわかったことを事がらごとにまとめ、段落に分けて並べる（1） ・メモをもとに文章を書く（1） ・清書する（1） ・つくった本を読み合い、感想を書く（1）

また、大豆のひみつを見つけていく際に、見た目だけでは大豆からできているとは思われないものが大豆の加工食品であるという発見の驚きを大事にした。その驚きを「ほかにもそんな食べ物がないかな」という興味につなげたり、「食べ物はかせの本をつくろう」の活動で調べたり書いたりする意

欲へとつなげたりしていった。

また、教室で実際に大豆からもやしをつくったことも大豆に興味をもたせることにつながり、「すがたをかえる大豆」への興味がさらに深まった。

②学校司書との連携

年度初めに、「国語科　読むこと単元の読書活動との関連年間計画」を作成した。それに基づいて、学校司書が新しい単元に入る前に必要な図書を準備する仕組みができているので、それを「ボックス図書」として教室前の廊下に置き、学習に役立てている（図4－3）。また、たくさんの図書が必要な場合には、公立図書館から一度に50冊借りられる団体貸出システムを利用する。しかし、本単元のような「すがたをかえる食べ物」というテーマでは、種類がかなり限定されるため、1人につき1冊ずつの図書を準備するというわけにはいかず、数人で1冊の本を読み合うグループもみられた。

また情報収集の前に、学校司書の

●図4－3　教室前廊下に「ボックス図書」を

●図4－4　学校司書による図鑑の使い方指導

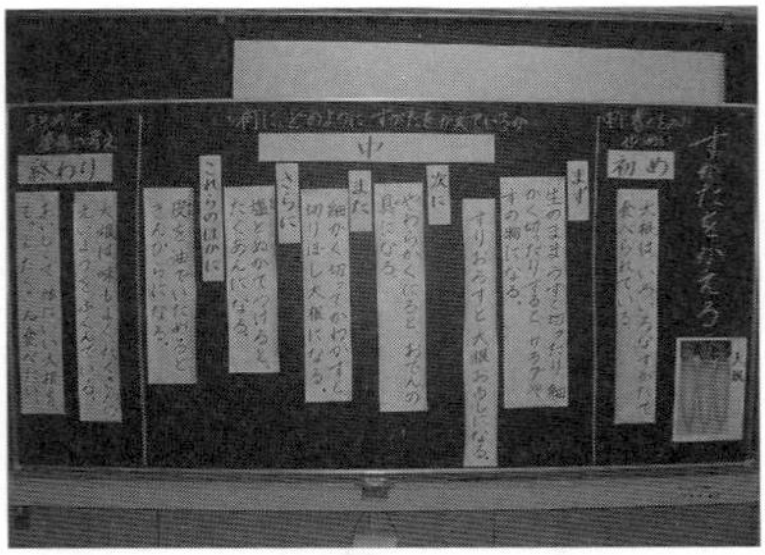

●図4－5　教師の例文カードを並べる

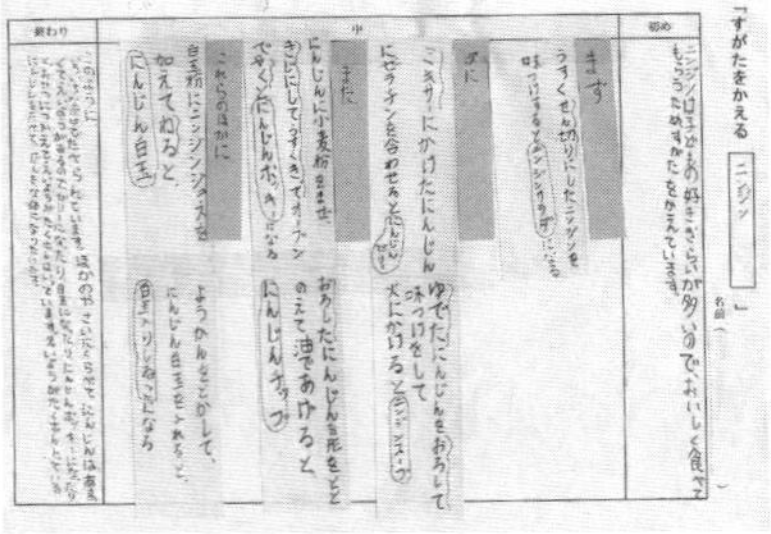

●図4－6「調べた事がらカード」を並べてメモづくり

協力を得て図鑑の使い方を指導し、目次や索引を使うことによって調べたいことが早く見つけられることを知らせた（図4－4）。

③情報を収集する

「食べ物はかせの本をつくろう」の活動では、子どもたちは、情報を収集したり選択したりする経験が少ないので、「すがたをかえる食べ物」というテーマを与え、そのテーマに沿った本を選ばせた。そして、選んだ本の中から必要な情報を選び出すために、「何にすがたをかえるのか」「どのようにしてすがたをかえるのか」などの、「すがたをかえる大豆」で学習した観点を与えて、「調べた事がらカード」に情報を収集させた。

子どもたちは、同じ食べ物を選んだ友だちどうしでグループをつくり、調べたいことが書いてある本を教え合ったり、相談したりしながら「調べた事がらカード」にメモしていった。その際、本をそのまま書き写すのではなく、必要な情報を1枚のカードに一つずつ書かせていった（図4－5、図4－6）。また、低学年も読む本ということで、むずかしいことばは国語辞典で調べさせた。

調べ学習が進むと進行度の個人差が広がってくるので、教師の個別支援だけでなく、子どもどうしでアドバイスし合うことが大切になってくる。そのことで、一緒に学習するという意識がより育ったように思う。

なお、情報収集にあたっては、農文協から出版されている「そだててあそぼう」シリーズの『ムギの絵本』(吉田久編、めぐろみよ絵)などが多く利用された。

④集めた情報を整理して文章にまとめる

それぞれの子どもたちが「すがたをかえる食べ物」について調べたカードを、「すがたをかえる大豆」で学んだ文章構成を参考にしながら、整理してまとめた。

まず、教師の例文カードを用意し、「初め」「中」「終わり」の短冊の下に並べることで、段落のまとまりを明確に意識させた。その後、自分の「調べた事がらカード」を事がらごとにまとめ、「中」の部分に段落に分けて並べさせた。書く順番が決まった子どもたちに、実物投影機を使ってどのように並べたか話をさせ、並べ方がわからない子どもたちの参考にさせた。その際、「まず」「次に」などの接続語カードを配り、どこにどの接続語を入れるとわかりやすいかを考えさせた。最後に「はじめ」と「終わり」に何を書くかを考えてメモにまとめ、まとまりごとに文章にしてから本の形に仕上げた。

⑤書く活動へのさらなる意欲へ

まとめた文章を本の形にする際、「学校のみんなに読んでもらいたい」という相手意識や目的意識をもたせたことで、伝えるという意識が育ち、どうすれば手に取ってもらえるかと表紙や挿絵を工夫する姿がみられた。できあがった本は、友だちに一言感想を書いてもらい、それを読んだうえで自己評価をさせた。同じ食べ物について調べた子どもたちどうしでも、お互いのまとめ方のよさや、自分が気づかなかったことに気づいたことをほめる感想が書かれており、この後の書く活動への意欲づけとなった。

その後、でき上がった本を廊下に展示したところ、いろいろな学年の子どもたちが手に取って読んでいた。そのことで、子どもたちは「自分の本をみんなが読んでくれた」という満足感を味わうことができた。

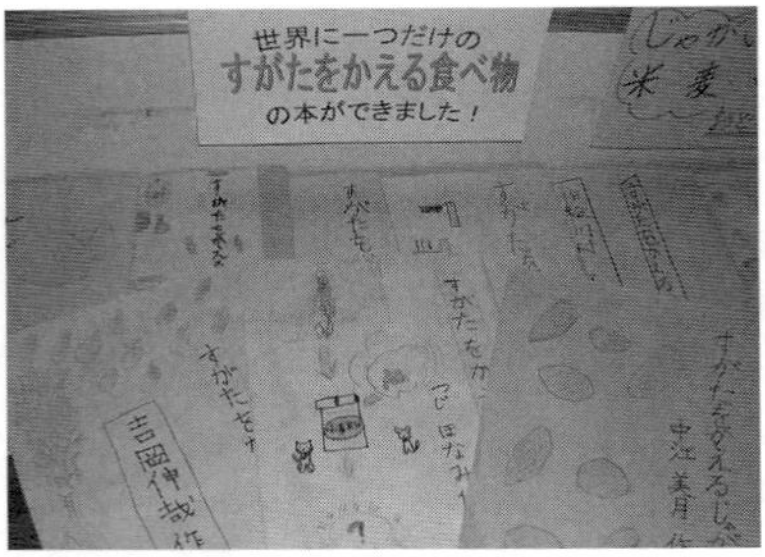

世界に一つだけの自分の本ができた

この活動を通して、書くことへの抵抗が少なくなり、次の「まとまりに分けて書こう『せつめい書をつくろう』」の単元では、さらに意欲的に説明書づくりに取り組んだ。

また毎日の日記などでも、接続語や指示語を意識的に使ったり段落分けをしたりする児童が増え、書く力が育ってきたことを感じた。

⑥読書活動の拡がり

友だちのつくった本を読んだり、ボックス図書での並行読書を続けたり、食べ物に関する本の読み聞かせ（『しょうたとなっとう』（星川ひろこ・星川治雄文・写真、ポプラ社）『だいず　えだまめ　まめも

読み聞かせた本

やし』（こうやすすむ文、なかじまむつこ絵、福音館書店）『大根はエライ』（久住昌之文・絵、福音館書店）など）を意図的に行なったことにより、子どもたちの食べ物の本に対する興味が広がった。

学校に月2回来ている「みどり号」（公立図書館の移動図書館）でも、「そだててあそぼう」シリーズの『ブルーベリーの絵本』（たまだたかと編、ささめやゆき絵、農文協）などの食べ物に関する本を手にする姿がみられた。

図鑑に対しても興味をもち、図工科での「虫に乗って行きたいな」の絵では、図鑑で調べて昆虫の絵を描いていた。

また、学校図書館が身近になり、社会科や総合的な学習の時間などでも「図書室へ行って本を探してきます」という子どもが多くみられるようになってきた。

これからも、学校図書館を活用して子どもたちの学びを深め、本の世界の楽しさを味わわせていきたい。

⑦本をつくった子どもたちの反応

以下は本をつくり終えた子どもたちの反応である。

〈「食べ物はかせ」の本をつくって〉

本で調べたことを、うまくまとめて文章にできました。

段落ごとに書けました。いい本ができてよかったです。

「中」が五段落書けてよかったです。終わりのページが１ページあまったので、にんじんがいろいろなすがたで食べられている絵をかけてよかったです。

せつぞく語を使って本をつくれたのでよかったです。ほかの食べ物も調べてみたくなりました。

へんしんをたくさん調べました。

とうもろこしからポップコーンができるのが初めてわかりました。とうもろこしがたくさんのものにかわっていったのがわかりました。

まとめがむずかしかったです。できあがったときはうれしかったです。

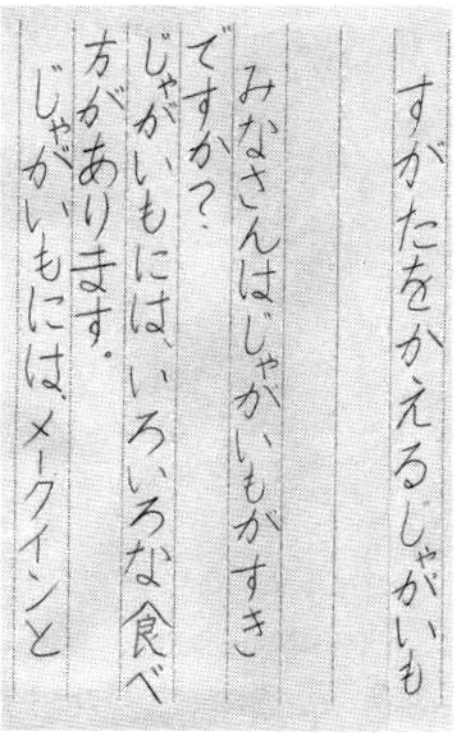
すがたをかえるじゃがいも
みなさんはじゃがいもがすきですか？
じゃがいもには、いろいろな食べ方があります。
じゃがいもには、メークインと

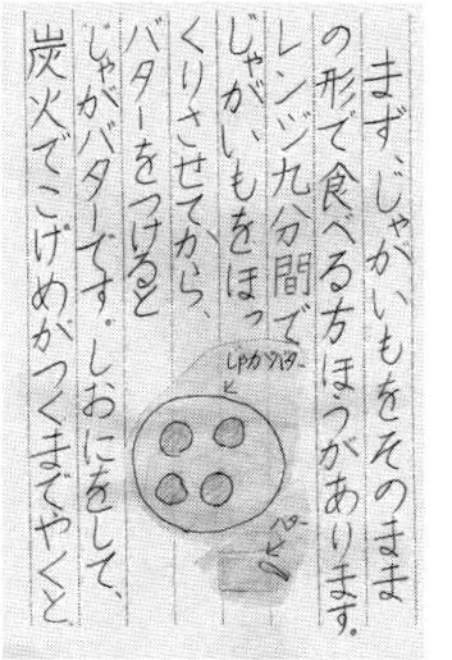
まず、じゃがいもをそのままの形で食べる方ほうがあります。
レンジ九分間でじゃがいもをほっくりさせてから、バターをつけるとじゃがバターです。しおにをして、炭火でこげめがつくまでやくと

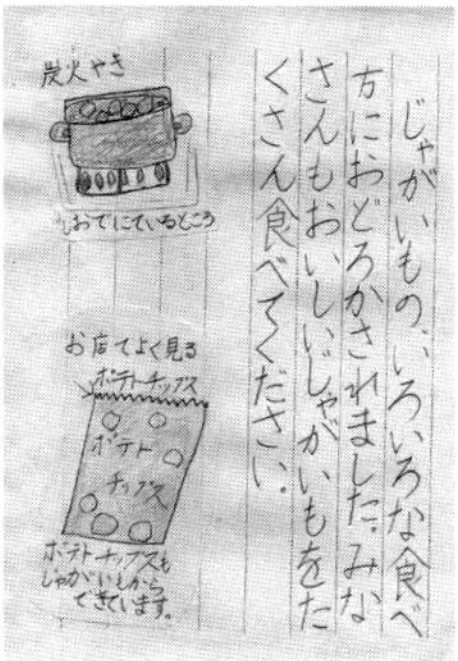
じゃがいもの、いろいろな食べ方におどろかされました。みなさんもおいしいじゃがいもをたくさん食べてください。

「食べ物はかせ」の本の例

〈友だちの本を読んで〉

「初め」のところがすごくいいと思いました。

わたしの「すがたをかえるムギ」とまとめ方がちがうのでおもしろいなと思いました。

とうもろこしは、わたしの知らないものにへんしんしていることがわかりました。

ちゃんとまとまっていました。特に「中」がまとまっていました。

きちんと段落をかえてかいているところがいいと思いました。

いろいろな人に、「食べてほしい」と自分の気持ちをつたえていてすごいと思いました。

米がいろいろなすがたで食べられていてびっくりしました。

㊳学校図書館の活用を（笹倉）

学校図書館の活用は学習指導要領にも明記されているが、各教科等の中で活用を促進していくことが望まれている。学校図書館の活用については、各学校で年間の学校図書館の利用計画を立て、それをどのように実践していくかが重要である。学校図書館を教育課程に寄与できるようにするためには、蔵書の充実、調べ学習等の手だてが必要である。さらに学校図書館を活性化させるための、専門的な人の存在も欠かせない。司書教諭、学校司書、図書ボランティアなどの協力・支援によって、より充実した学校図書館の活用が実現するのである。

串小学校の学校図書館は、蔵書数は少ないものの選書がしっかりしていて、使用に耐えないような本は廃棄している。また、どんなときでも児童が学校図書館を利用しやすいような配慮が随所になされている（詳しくは第4章を参考にしていただきたい）。

次に学校図書館を活性化させるためには、次の視点が欠かせない。

1. 学校図書館に常に専門の職員がいること。いつでも学校図書館が効果的に活用できるという意味でもっとも大切なことである。

2. 学校図書館および読書活動の年間計画を作成すること。計画のないところに実りある実践はない。計画を立てることによって、逆にその学校図書館の不備や欠陥点が見えてくることがある。

3. 学校図書館の蔵書を充実させること。やはり資料の量的・質的充実が勝負である。学校図書館には児童生徒の資料のみならず、教師用の資料も揃えておくべきである。授業等で資料が不足のときは、あらかじめ公共図書館の協力貸出なども活用する。

4. 利用する児童生徒の立場に立って、学校図書館のレイアウト、サイン、テーマごとの展示など、常に創意工夫を図ることが大切である。

串小学校は、1.～4.のすべての点が充実した学校図書館であるといえる。

2. 幅広く読み、考えを深める読書へ

◆文学的文章での指導◆

これまで文学的文章の指導は、一つの作品を細かく深く読むことが主流であった。これも読む力を育てるためには有効な方法の一つである。しかし、みんなで一つの作品を読み込むことで、子どもたちの多様な考えが一つに集約されてしまい、本当の意味での自分の考えをもった読書につながらない場合もある。自分の考えを否定されてしまい、本が嫌いになる子どももいるかもしれない。

子どもが本の世界を存分に楽しめるようにするためには、教科書教材をきっかけとして、さまざまな本を読み、自分なりの考えをもてるようにしたいものである。そのために、私たちは、子どもどうしでの本の紹介やブックトークを行なった。教材文と同じ作者のシリーズ作品や同じテーマの作品を紹介したりして、子どもたちがより多くの本と出会えるようにしてきた。

◆主体的な読み手に◆

教科書教材をきっかけとして、子どもたちがより多くの本と出会い、自分で選んで読むように単元を構成する。この学習の中で、子どもはそれまでの与えられる読書から、自分で選んで読む、主体的な読み手となることができる。さらに、人に紹介するという目的をもたせることで、自分なりの価値観や判断で本に向き合うことになる。この取り組みを通して、子どもたちは自分の考えをもつのであ

る。

単に図書室にある本を紹介するだけではない、子どもが幅広く読み、自分の考えを深めるように計画された指導の例として、1年生の「物語」と5年生の「ノンフィクション」での実践例を以下に紹介する。

実践例：1年生「ずうっと、ずっと、大すきだよ」から
——心に残った本を紹介しよう

①子どもたちの読書のようす

ひらがなを習いたてであったり、覚えたてであったりする子にとって、自分で本を読み進めていくことはかなりのエネルギーを必要とし、抵抗のある子もいる。そうした子はどんな本を選んで読んでいるのだろうか。調べたところ、写真や絵の多いものや愉快な内容のものだった。初めはそれらが読書の楽しさ、おもしろさを体感する足がかりとなり、そこから読書の世界を拡げていってくれれば、と考えていた。

②本の世界を拡げる試み

2学期に入り、カタカナや漢字も習い始めた子どもたちは、徐々に文字を読むことに抵抗が少なくなってきた。また「大きなかぶ」（ロシア民話、西郷竹彦訳）から日本や外国の民話や昔話を聞いたり、

「くじらぐも」（中川李枝子作）から同じ作者の、別の話を紹介してもらったりした。こうした読み聞かせやブックトークなどのはたらきかけから、そのような内容の本のおもしろさ・楽しさを知り、読むようにもなってきた。しかしそれも一時的なもので、図書室で本を借りる段階になると、また同じように写真や絵の多い本を手にしていることが気になった。

そこで、ふだん自分たちが読んでいる本とは違ったものをみんなで読み進めていきながら、その話のもつよさを味わわせるということを経験させることにした。また、この経験をさせるにあたって、学習の初めは受動的であっても、学習を進めていくうちに能動的になるよう、活動を工夫した。最後に、話のよさがわかった子どもたちが、同じような内容の話を友だちに紹介する活動を計画した。そうすることでさらに本と向き合い、実感を伴った思いをもつことができ、読書の幅が拡がると考えたからである。

③「ずうっと、ずっと、大すきだよ」の実践から

この話は主人公が大切に飼っていた犬が死んでしまう話である。そのため子どもたちの最初の感想は、「かわいそう」とか「かなしくていやだ」がほとんどであった。しかし、学習がすすむにつれ、エルフと主人公が一緒に成長していくようすを読みとったり、年老いてからのエルフに対する主人公の関わり方を考えていくうちに、話の中に脈々と流れる主人公の深い愛情を感じとることができた。

一番心に残った場面を選ばせると、それぞれ違ったところを選んだが、一人ひとりがこの話の中に「いいなあ」としみじみ感じるところを見つけ出したようだった。

●図4-7　単元「ずうっと、ずっと、大すきだよ」の学習計画（総時数7時間）

配時	学習のねらい	学習活動
第一次 4時	お話を読んで、自分の好きなところを選ぶことができる。	「ずうっと、ずっと、大すきだよ」（ハンス・ウィルヘルム／作・絵、久山太市／訳）を読もう（1） ・「ずうっと、ずっと、大すきだよ」の教師の聞かせ読みを聞く ・物語のだいたいのあらすじをつかむ ・感想を話し合う ・学習の見通しをもつ 僕やエルフのしたことを見つけよう（1） ・全文を読み、僕やエルフのしたことを見つけ、ワークシートにまとめる ・僕とエルフが一緒にしたことは何か考える 僕とエルフの気持ちを考えよう（1） ・挿絵を手がかりに、気づいたことを話す ・挿絵に吹き出しをつけ、それぞれの思いを想像して書く 好きなところを見つけて、音読しよう（1） ・一番心に残った場面を選び、その理由も考える ・それらを話し、選んだところを音読し紹介し合う

第二次 3時	紹介したい本を選び、好きなところを探しながら読むことができる。 友だちが紹介する本の好きなところを聞くことができる。	紹介する本を決め、紹介カードに書こう（2） ・本の紹介の仕方を話し合う ・紹介したい本の好きなところを選び、カードに書く おすすめの本を紹介しよう（1） ・最初はペアで紹介し合う ・グループで紹介し合う

④おすすめの本と「いいなあ」の思い

今まで読んでいた本の内容とは、少し違った「いいなあ」の思い。このようなの思いのあるおすすめの本を、子どもたちそれぞれに紹介してもらうことにした。たくさんの本にふれ、読んでいた子どもは、同じような内容の「いいなあ」の思いを他の本からもすぐに見つけることができた。なかなか見つけられなかったのは、そのような本をあまり読んだことのない子どもだった。また、自分の今まで読んだ本では、おすすめの本にはならないとわかりつつも、たくさん並んでいる図書室のどの本を選べばいいのかで戸惑っていた子どもについては、学校司書に助言してもらうことにした。そのおかげで、なんとかおすすめの本を見つけることができた。

しかし、実際に読んでいなかったり、内容を読み取れていなかったりしたためにその本から「いい

おすすめの本の交流会のようす

なあ」の思いを見つけることができない子どももいた。そのような子には、見つかるまで一緒に声を出して読み、ようやく見つけさせることができた。また、こちらが思っている話の主題と少しずれがあっても、見つけられたことをほめ、選んだ場面を確認したり理由を聞いたりすることで、子どもたちが「いいなあ」の思いを実感として受け止められるようにした。これによってすべての子どもたちが自信をもって、おすすめの本のことをカードに書き進めていくことができた（図4－8）。

⑤友だちとの交流から

当初、おすすめの本の交流は、練習の意味も込めて、ペアで行なってからグループで交流することを計画していた。しかし、個人で練習する時間がとれ、じょうずに話せるようになったこと、子どもたちの伝えたい思いが強いことなどから、初めからグループで交流をすることにした。一人ひとりの持ち時間の中で紹介が終わったら、質問や感想を言ってもらったり、紹介する本を読み聞かせたりして、それぞれが工夫して過ごしていた。カードだけでなく、実際におすすめする本を手元において紹

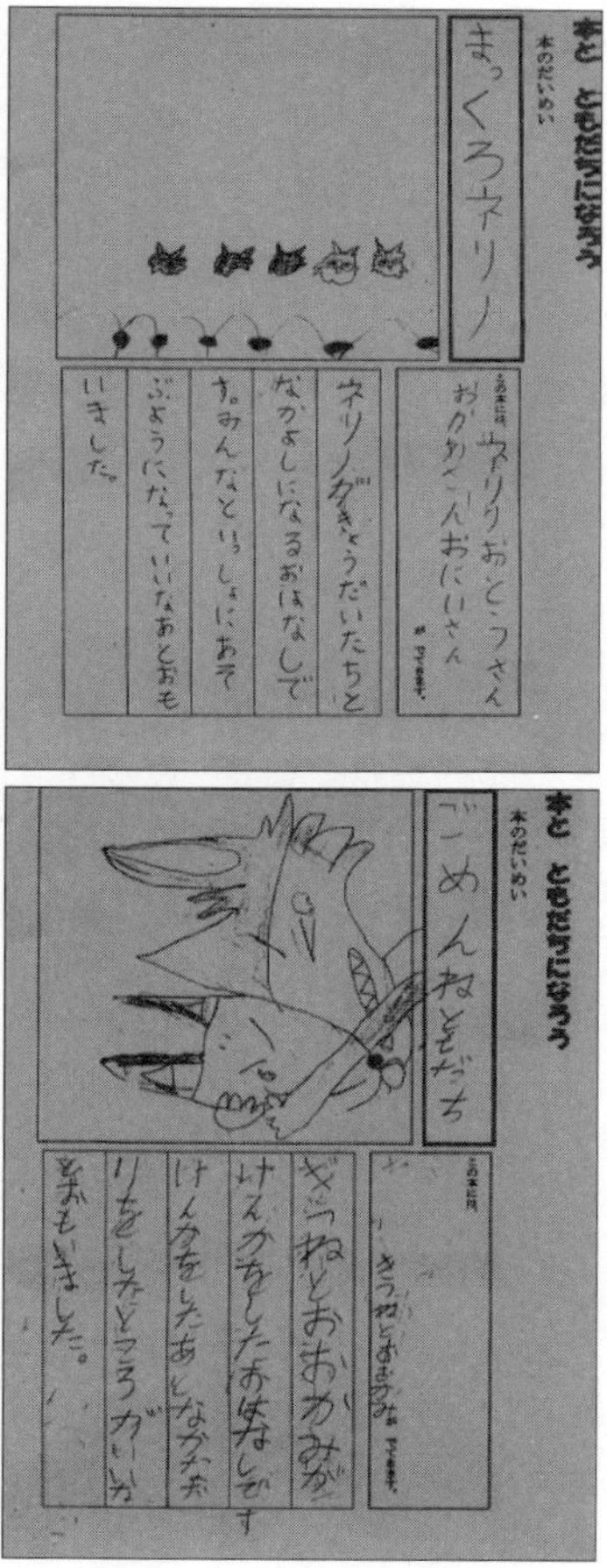

●図4－8　子どもたちが書いたおすすめの本カード

介したことがさらに子どもたちの活動を生き生きとさせる一助になった。

⑥子どもたちのその後

おすすめの本を発表したことだけに満足せず、友だちの発表もしっかり聞いてほしい。その願いから交流の後に、読みたくなった本の題名とその理由を書くことにした（図4－9）。その本を聞いた感想そのものを理由にする子もいれば、友だちが紹介した本に対して自分の「いいなあ」の思いを考えながら聞いていた子もいることがわかって、学習が身についているとわかった。

おすすめの本は、しばらく教室の「おすすめの本コーナー」に置くことにした。国語科の読書の時間や休み時間などに、友だちの選んだ本を手に取ってほしい、読んでほしいと思ったからである。そ

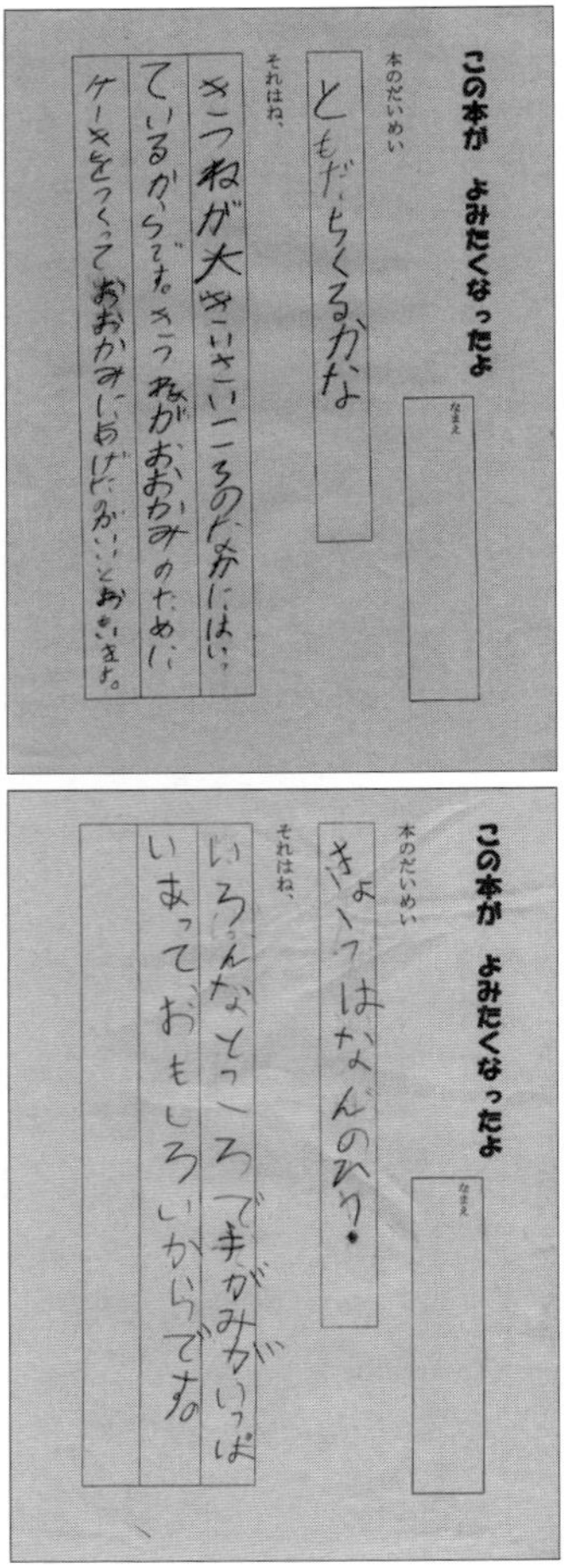

●図4－9　交流会を受けての感想

して、そのことをもとに、交流の時間とは違った本を媒体としながら子どもどうしのつながりが深まれば、とも願った。残念ながら実際にそのような場面を目にしたことはないが、図書室での本の借り方に変化がみられたようである。

⑦まとめ

図書室での本の借り方を調べた結果、6割の子どもたちになんらかの変容がみられた。幼年童話を読むことが増えたり、借りる冊数が増えたのである。また、友だちのおすすめの本を教室で読むだけでなく、図書室から借りて読む子が何人もいた。

これらのことから、意図的な読書のはたらきかけが必要なことがわかった。子どもたちの発達段階を考えて、ふさわしい時期にはたらきかけをすれば、子どもたち自らが、自分の読書の幅を拡げていける。これからも本の世界を拡げていくきっかけをつくっていきたい。

実践例：5年生「千年の釘にいどむ」から――読書の世界を広げよう

①「千年の釘にいどむ」からノンフィクションへ

この単元のねらいは、「千年の釘にいどむ」（内藤誠吾著）の学習後、一人ひとりの子どもたちが読書の世界を拡げることとである。教科書では、好きな本を読んでその感想文を書いたり、読書会を開いたりすることになっている。しかし、せっかく「千年の釘にいどむ」という素晴らしいノンフィクションにふれるのだから、この出会いを生かしたいと考えた。子どもたちは、古代の人々の知恵に驚く以上に、それに挑み続ける鍛治職人白鷹さんの生き方に感銘を受けるはずである。

そこで、白鷹さんの生き方から学んだことを交流したうえで、なぜ見ず知らずの人からたくさんのことを学べるのかを考えさせ、それが本との出会いであることに気づくように導いた。本から人の生き方を学べることに気づかせることで、今まで見向きもしなかったノンフィクションの分野へ子どもたちを導くことができるのではないか。そして、それは子どもたちの読書の世界を拡げることにつながるのではないだろうかと考えた。

●図4-10 「千年の釘にいどむ」学習指導案

第5学年1組 国語科学習指導案（一部）

1. 指導目標（略）
2. 単元名 読書の世界を広げよう
3. 教材名 「千年の釘にいどむ」
4. 単元の評価基準

	国語への関心・意欲・態度	読む能力	言語についての知識・理解・技能
第一次	①「千年の釘にいどむ」の話題や写真、文体、白鷹さんの生き方等に興味をもって読み進めようとしている。	①古代の人々の知恵、職人の工夫や努力、生きざまを読み、自分の考えをもっている。	①文末表現に着目し、意見の述べ方と事実の述べ方の違いに気づいている。
第二次	②本から人の生き方について学べることに気づき、さらに他の本を読もうとしている。	②本から人の生き方を学べることに気づき、白鷹さんのように何かにいどむような生き方をしている人を描いた本を読み、読書の世界を広げている。	②本の内容を理解するために必要な語句について辞書を利用して調べている。

5. 本単元との関連

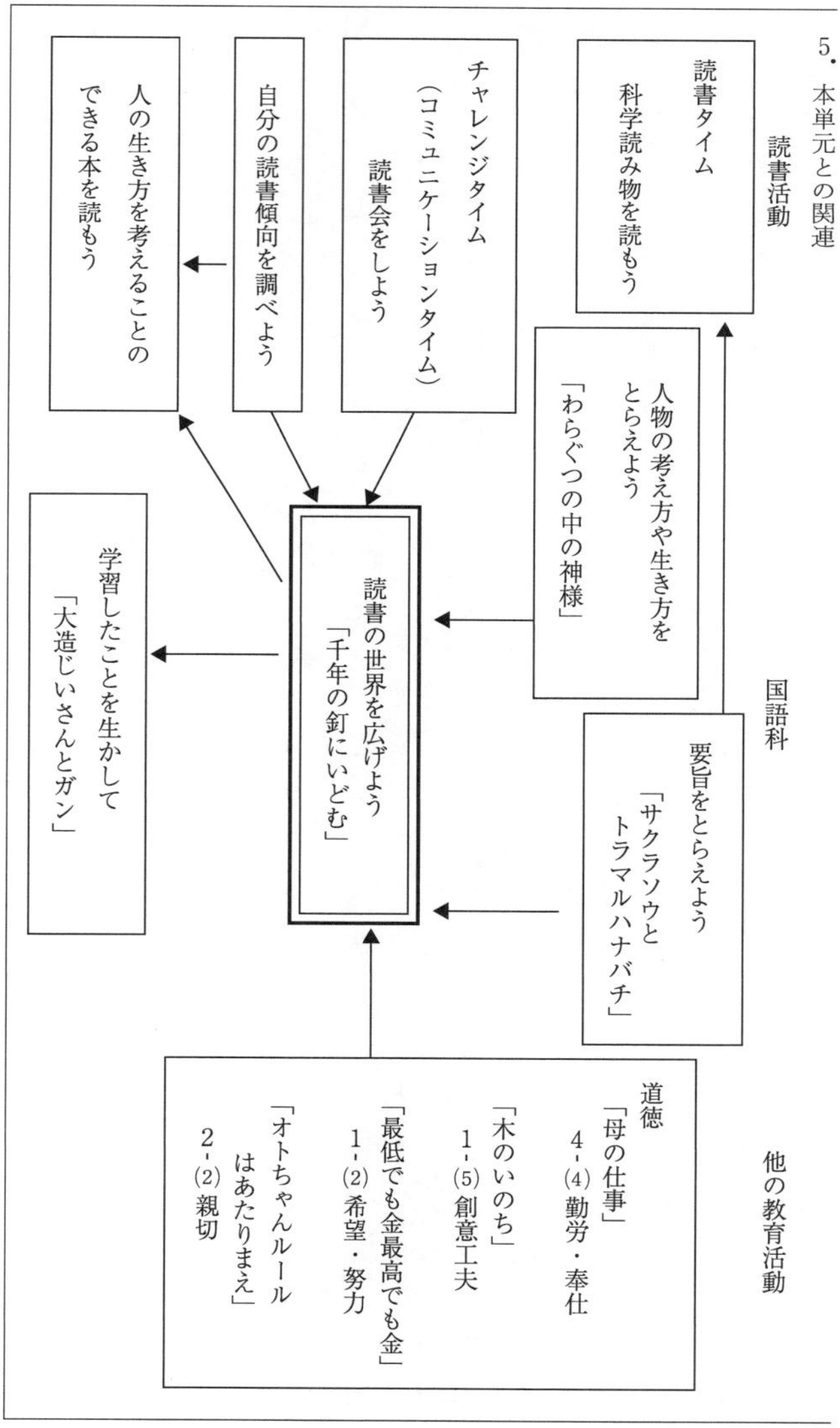
読書活動
読書タイム
科学読み物を読もう
チャレンジタイム
（コミュニケーションタイム）
読書会をしよう
自分の読書傾向を調べよう
人の生き方を考えることのできる本を読もう
国語科
人物の考え方や生き方をとらえよう
「わらぐつの中の神様」
要旨をとらえよう
「サクラソウとトラマルハナバチ」
読書の世界を広げよう
「千年の釘にいどむ」
学習したことを生かして
「大造じいさんとガン」
他の教育活動
道徳
「母の仕事」
4-(4) 勤労・奉仕
「木のいのち」
1-(5) 創意工夫
「最低でも金最高でも金」
1-(2) 希望・努力
「オトちゃんルール
はあたりまえ」
2-(2) 親切

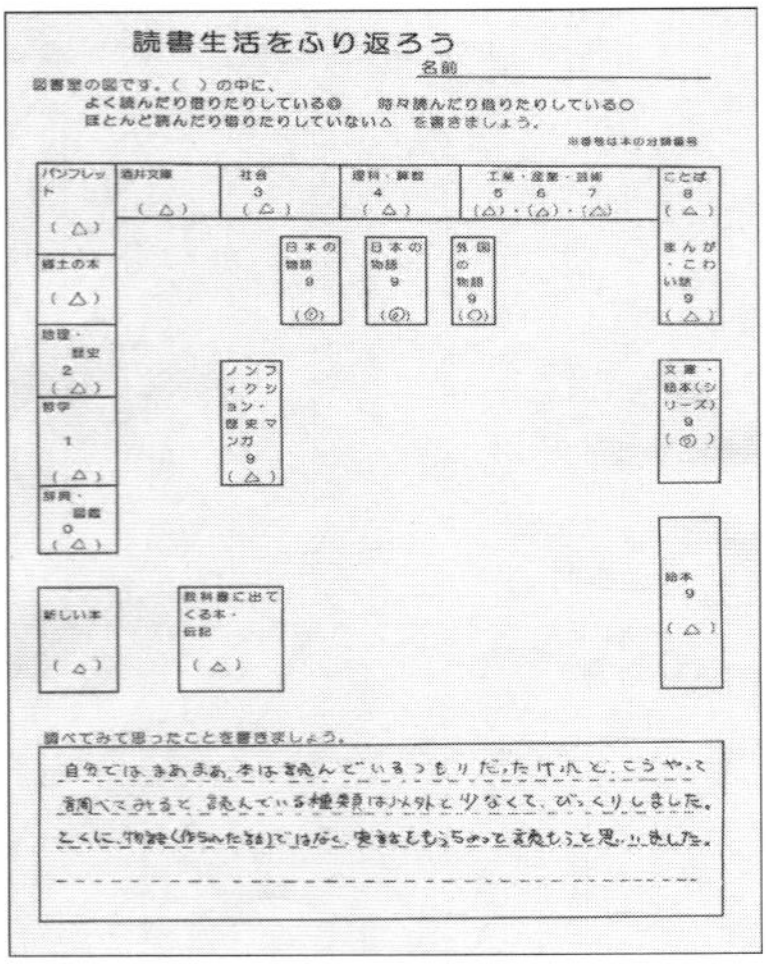

●図4－11　読書生活をふり返る

②子どもたちの読書傾向を知る

読書が好きでみずから進んで本を読む子もいるが、その読書傾向を見ると、どうも偏りがあるように思われた。そこで、子どもたちがそれぞれ自分の読書生活をふり返る機会を設けた。やり方は、図書室の配架の図を配り（図4－11）、どこの本をよく読んでいるのかをチェックする方法である。

予想通り、ほとんどの子どもの読書傾向には大きな偏りがみられた。大半の子どもたちは、9分類（日本十進分類法）の物語本しか読んでいない。しかも、それらはほとんどがフィクションであり、同じ9分類であるノンフィクションのコーナーに足を運ぶ児童はクラスに数名しかいなかった。このような子どもたちにとって、この「読書の世界を広げよう」はぴったりの単元である。

③ブックトークの計画を立てる

ノンフィクションの世界へ子どもたちを導くために、白鷹さんから学んだ「いどむ」生き方をしている人を描いた本を何冊か選んでブックトークをすることにした。「千年の釘にいどむ」から受けた感動が消えぬうちに、その感動と直接つながる本の紹介をスタートさせ、「いどむ」をキーワードに紹介を進めていく計画を立てた。

まず、候補にあがったのは白鷹さんと交流のあった宮大工の西岡常一さんのことを書いた『NHKプロジェクトX　ジュニア版⑩』（NHKプロジェクトX制作班編、汐文社）、『木のいのち木のこころ〈天・地・人〉』（西岡常一・他著、新潮社）の2冊である。西岡さんは白鷹さんに千年の釘づくりを依頼した人である。彼の古代の職人にいどむ生き方は白鷹さんの生き方と通じるものがあった。『NHKプロジェクトX　ジュニア版⑩』は、子どもにもわかりやすい平易なことばで書かれており、長い文章を読むことが苦手な子でも読めそうである。一方『木のいのち木のこころ〈天・地・人〉』のほうは、かなり分厚く5年生にとってはむずかしい。しかし、すべてを読まなくても西岡さんやその他の宮大工の心意気が理解できるのではないかと思い、ぜひ紹介したいと考えた。

その他の本は、学校の図書室にあるノンフィクションを手当たり次第に読み、「いどむ」生き方であるか、感銘を受けるかという視点で選んでいった。

④学校司書と連携する

ある程度の本が選定できたところで、学校司書との打ち合わせを行なった。ここでブックトークは、本のプロである学校司書が中心に行なうことを決めた。しかし、本の選定は担任の意向を尊重してもらうことにした。そのうえで、さらに魅力的なブックトークにするために司書の専門性を生かして何冊かを変更したり、関連した図書を追加したりした。その結果、紹介することにした本は次の表4－2の通りである。

●表4-2　紹介することにした「いどむ」生き方の本

書名	著者等	出版社
NHKプロジェクトX　ジュニア版⑩	NHKプロジェクトX制作班／編	汐文社
NHKプロジェクトX　ジュニア版③	NHKプロジェクトX制作班／編	汐文社
木のいのち木のこころ〈天・地・人〉	西岡常一・小川三夫・塩野米松／著	新潮社
大望遠鏡「すばる」誕生物語　星空にかけた夢	小平桂一／著	金の星社
雪の写真家ベントレー	ジャクリーン・ブリッグズ・マーティン／作、メアリー・アゼアリアン／絵、千葉茂樹／訳	BL出版
冬の花びら　雪博士中谷宇吉郎の一生	高田　宏／著	偕成社
雪は天からの手紙　中谷宇吉郎エッセイ集	池田　了／編	岩波書店
シリーズ素顔の勇者たち　野口　健　最高峰でつかんだ未来	綾野まさる／著	旺文社
青春を山に賭けて	植村直己／著	毎日新聞社

ブックトークの本の選定は、担任と学校司書とが連携することでより充実することを実感した。なお、選定した本の中には、ややむずかしい本もあったが、担任や学校司書が強く感銘を受けた本は紹介することにした。

⑤白鷹さんの生き方を読む―第一次―

「千年の釘にいどむ」を一読した時の子どもたちの第一声は、「このじいちゃんやるなあ」であった。その声を聞いた時に、この文章で生き方を学ぶことができると確信した。子どもたちは千年の釘

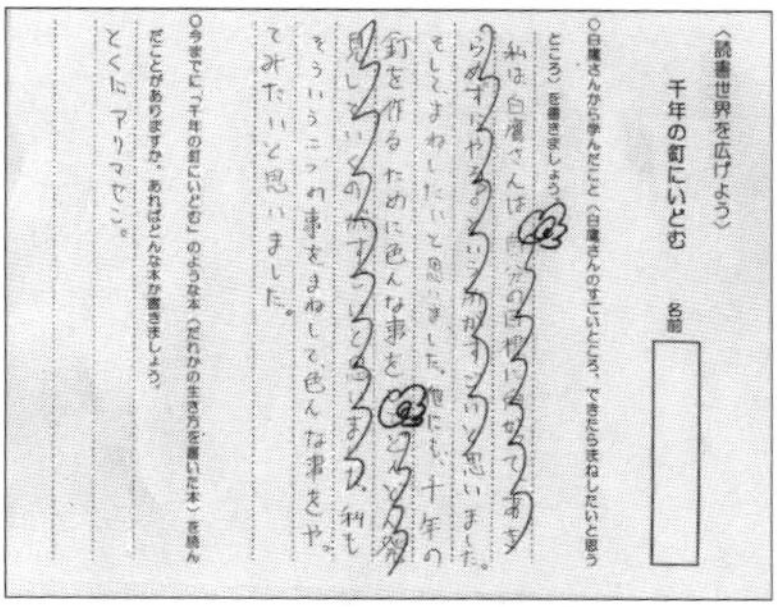

●図４－12　白鷹さんから学んだこと

の秘密を探る中で、古代の人々の知恵や工夫に感心すると同時に、それにいどみ続ける白鷹さんに対して尊敬の念さえいだいているようであった。

「千年の釘にいどむ」の学習後、一人ひとりが白鷹さんの生き方から学んだことを書きとめて第一次の学習は終了した（図４－12）。しかし、この「千年の釘にいどむ」の学習がどのように「読書の世界を広げよう」というねらいに結びつくのか、子どもたちはまったくわかっていなかったし、私自身もそれは第二次にとっておきたいと願っていた。

⑥本との出会いに気づく—第二次—

第二次の学習は、白鷹さんの生き方から学んだことの交流からスタートした。次つぎと学んだことを出し合った後、「会ったこともない人からこんなにたくさんのことを学べたのはなぜなのか」と問うと、「本を読んだからだ」「本の中で白鷹さんに出会ったからだ」という答えが返ってきた。

このように人の生き方が書かれた本を今までに読んだことがないかと問うと、オトちゃん（乙武洋匡）の『五体不満足』（講談社）や、道徳の資料で扱ったヤワラちゃん（谷涼子）のことがあげられた。ここであらためて子どもたちは、「本の中での出会い」に気づいてくれたようである。

⑦ブックトークをする

◆ねらいの確認◆

本との出会いに気づいた子どもたちに、ここで「図書館には他にもそのような本はたくさんあること」、また「ほとんどの人がそれを読んでいない」という事実を告げ、ブックトークへとつなげていった。また、ここで初めて、「千年の釘にいどむ」を学習してノンフィクションの分野にチャレンジすることが、今回の「読書の世界を広げよう」というねらいに結びついていることも確認した。

◆「千年の釘にいどむ」と他の本をつなぐ◆

本の紹介をすると告げたとたん、子どもたちから「ここで中川先生（学校司書）の登場や」という声が聞こえた。やはり、子どもたちにとって本といえば司書なのである。司書中心でブックトークをすることにしてよかったと思いながら、「先生にも2冊だけ紹介させてね」と言って、『NHKプロジェクトX　ジュニア版⑩』と『木のいのち木のこころ〈天・地・人〉』の紹介をした。この2冊だけはどうしても担任である私がやるべきだと思っていた。それは、「千年の釘にいどむ」と他の本とを直接つなぐものだからである。

◆学校司書の登場◆

3冊目からは学校司書の登場となったが、事前に打ち合わせをしていたためシナリオはスムーズにつながっていた。ノンフィクションの紹介はむずかしくなりがちである。しかし、雪の結晶の写真やエベレストに残されたゴミの写真なども取り入れながら、子どもたちの関心を喚起するような工夫がなされていた。やはり本のプロだなと感心しながら聞いていると、静かな語り口に子どもたちも集中して聞き入り、時には内容について質問をする子もみられた。

◆本を手に取る時間◆

ブックトークが終わった後、しばらく時間をとり、好きな本を手にすることができるようにした。紹介した本以外にも図書室や市立図書館からノンフィクションを多数教室に持ち込んでおいたが、やはり初めは紹介した本に群がる姿がみられた。また、「5年生にとってはむずかしいよ」と言って紹介した本に真っ先に手をのばす子もいた。

教室に持ち込んだノンフィクション（一部）

⑧ノンフィクションを読む

翌日、読みたい本をじっくり選んだ。今までにまったくふれたことのない分野のため、「おもしろそうな本がない」という子もみられた。そんな子には、どんなことに関心があるかを聞いてそれにあった本を紹介した。たとえば、ファッションに関心のある子には『ファッションデザイナー　ココ・シャネル　こんな生き方がしたい』（実川元子著、理論社）を、スポーツに関心のある子には『夢への前進』（成田真由美著、講談社）を、テレビで杉原千畝のドラマを見たという子には『杉原千畝物語　命のビザをありがとう』（杉広幸子・杉原弘樹著、金の星社）をすすめた。

ノンフィクションに初めてチャレンジした子は特に女子に多かったが、

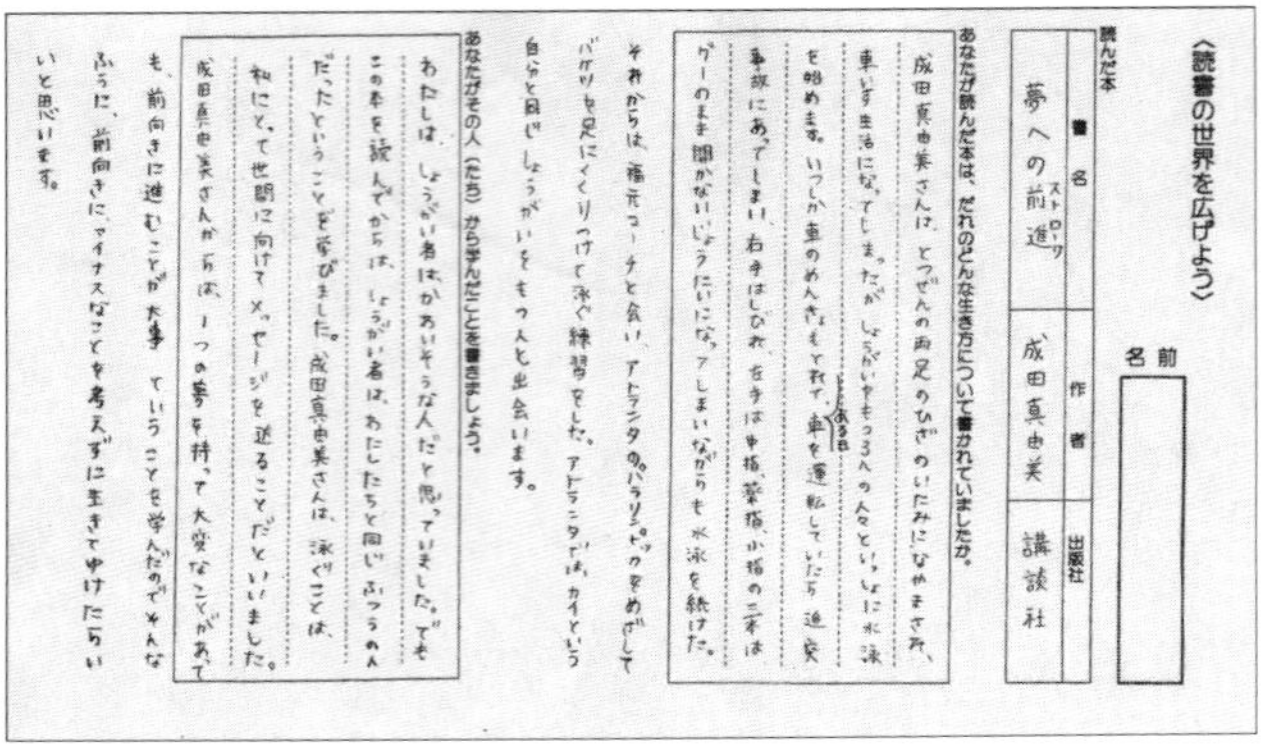
〈読書の世界を広げよう〉

名前

読んだ本

書名	作者	出版社
夢への前進《ストローク》	成田真由美	講談社

あなたが読んだ本は、だれのどんな生き方について書かれていましたか。

成田真由美さんは、とつぜんの両足のひざのいたみになやまされ、車いす生活になってしまったが、しょうがいをもつ3人の人々といっしょに水泳を始めます。いつしか車のめんきょもとれて、ある日車を運転していたら追突事故にあってしまい、右手はしびれ、左手は中指、薬指、小指の二本はグーのまま開かないじょうたいになってしまいながらも水泳を続けた。

それからは、福元コーチと会い、アトランタのパラリンピックをめざしてバケツを足にくくりつけて泳ぐ練習をした。アトランタでは、カイという自分と同じしょうがいをもつ人と出会います。

あなたがその人（たち）から学んだことを書きましょう。

わたしは、しょうがい者はかわいそうな人だと思っていました。でもこの本を読んでからは、しょうがい者は、わたしたちと同じふつうの人だったということを学びました。成田真由美さんは、泳ぐことは、私にとって世間に向けてメッセージを送ることだといいました。成田真由美さんからは、一つの夢を持って大変なことがあっても、前向きに進むことが大事ていうことを学んだのでそんなふうに、前向きにマイナスなことを考えずに生きてゆけたらいいと思います。

読書感想交流の原稿

読後、「この本おもしろかったあ」と感想をもらす子どももも女子に多くみられた。

⑨本から学んだことを交流する

読み終えた後、それぞれが本を見せながら、どんな人のことが書かれていてその人からどんなことを学んだかを交流した。その結果、読んだ本は全員異なっているのに学んだことは共通していることが多いということに気づいたようである。さらに、その学んだことは「千年の釘にいどむ」の白鷹さんから学んだこととも共通している。「読書の世界を広げよう」というねらいでノンフィクションを読んだことは、白鷹さんの生き方を再確認するということにもなった。

⑩その後の子どもたちは…

全員がノンフィクションにチャレンジしたが、その後ノンフィクションをよく読むようになったかどうかは定かではなかった。しかし、3学期の初めに行なった6年生との「読書感想交流会」では、ノンフィクションを紹介した子どもが10名近くみられた。しかも、「読書の世界を広げよう」で読んだ本とは別の本を紹介している。この姿から、子どもたちの読書の世界は確実に拡がっていることを実感した。特に、今まで物語にしか手をのばさなかった女子に、その姿が多くみられることは大きな成果である。

また、集会での校長先生の話の中に中谷宇吉郎やレイチェル・カーソン、ベントレーなどが出てきた時には、身を乗り出して聞く姿がみられた。本から人の生き方を学ぶことができることに気づいた子どもたちは、今後、ノンフィクション以外の本を読んだ時にも自然に登場人物の生き方を考えるような読み方をするであろう。

⑧幅広く読み、考える読書へ（笹倉）

幅広く読むとはどのようなことか。

幅広い読みというのは、発達段階が上がるにしたがって読書傾向が偏ってくるのでむずかしい。そこでふだんあまり読んでいないようなジャンル・分野の本でも手に取って読みたいと思えるような実践が必要となってくる。具体的にはブックトークやブックリスト、読書交流などにより、子どもたちの読書意欲を刺激する方法がある。

以上の実践のように、教材文と同じ著者の本を紹介したり同じテーマの本を紹介したりする試みも効果的である。児童に幅広い読書をすすめるのではなく、知らず知らずのうちに子どもたち自身がいろいろな分野の本を手に取って読んでいたというような手だてや仕掛けが求められる。本書でも、

「意図的な読書のはたらきかけが必要なことがわかった」と記されている。幅広い読書によって、幅の広い考え方や見方も同時に身につけることができる。

考える読書とはどのようなことか。

読書には楽しむことから始まって、次にいろいろなことを考えるきっかけを与えてくれる良さがある。読書によって物事を深く洞察したり、考え方の刺激を受けたり、時には批判的に読む読書も身につけたりすることができる。

5年生の「千年の釘にいどむ」の授業を参観したのだが、一人の人間の生き様から崇高な人間の営みにふれていく過程は、子どもたちだけでなく参観者にとっても感動的なものであった。やはり、子どもたちが感動できるような題材や本を事前にどれだけ準備できるかが勝負であることを痛感した。

3. テーマ読書へ

子どもが幅広く読書に親しむようになると、特に高学年の子どもたちは、ただストーリーを追いかけるだけでは満足できなくなる。作者自身のことや作品の背景まで知りたくなるものだ。こうした子どもの願いにこたえることができるのが「テーマ読書」である。

「テーマ読書」的な読み方は、本好きの人は自然に身につけていくものである。思春期に入ろうとしている高学年の子どもたちに、教育活動の中で「テーマ読書」を体験させることによって、より読書に対する関心を深めることができるのである。

◆テーマの設定◆

テーマの設定には、大きく分けて二つの視点がある。

一つは、作品（作者）に焦点を当てるものである。ある作品をより深く理解するために、同じ作者の作品や評論にまで読書の範囲を拡げる。関連読書と違って、「その作品を理解する」という目的が明確な読み方である。

もう一つは、テーマに焦点が当てられるものである。たとえば「少年の成長と人間の生き方」というテーマの作品をいくつも読んで比較する、というものである。

◆計画にあたって◆

テーマ読書を計画する際は、個人で好き勝手に読むのではなく、学級内で共通したテーマを設定することが必要である。そして、子どもたちが交流し、考えを拡げたり深めたりする機会を設けることが大切である。

以下に紹介するのは、6年生の「宮沢賢治の作品を読もう」の実践例である。指導がむずかしいといわれている『やまなし』について、テーマ読書で取り組んだものである。これによって、子どもたちの読書の世界はより質の高いものとなった。

実践例：6年生「やまなし」から——ようこそ宮沢賢治の世界へ

①単元構成の工夫

「『やまなし』はむずかしい」「宮沢賢治の作品はよくわからない」ということばをよく耳にする。実際、そう思っている教師も多いと思う。今回、私も単元を構成するにあたり宮沢賢治の作品を何作か読んでみたが、最初はやはりよくわからない。しかし、読み進めていくうちに、次第に「宮沢賢治」という人物に迫りたくなってきた。「宮沢賢治はどんな生き方をしてきたのだろう」「作品を通して私たちに何を伝えたいと思っているのだろう」と。伝記などを通して少しずつ宮沢賢治の生き方がわかってくると、作品の読み方が少し変わってきた。賢治の思いが少しずつではあるが心に届くようになってきた。賢治の作品の理解にはこのような読みが必要なのではないかと強く感じた。

◆「やまなし」の美しい表現を味わう◆

「やまなし」は賢治の最愛の妹トシが亡くなった後、最初の童話として書かれた作品である。生命、死、安らぎなどが盛り込まれ、それらを美しい表現で見事に包んだ素晴らしい作品である。今回は、「やまなし」そのものがもつ美しい表現に十分に浸ることを大切にしながらも、作者・宮沢賢治の生き方を知ることで新たに見えてくる世界を感じ取らせ、そこから読書の世界を拡げていくというねらいで単元を構成することとした。

本を介してのコミュニケーション

まずは「やまなし」の情景を想像し「五月」と「十二月」のイメージを対比させながら読み進めた。その後「イーハトーヴの夢」や宮沢賢治の伝記等の資料を通して、賢治の生き方や考え方に迫った。その学習を通してそれぞれが感じた賢治像をもとに「やまなし」を再読し、作品の中に込められた賢治の思いや願いを子どもたちなりに想像した。その後、賢治の思いや願いを求めて、他の宮沢賢治作品へと子どもたちを誘った。

◆「やまなし」から、賢治の世界へ子どもたちを誘う◆

今回、「やまなし」を入り口に、作者の生き方やものの考え方に興味をもち、作者が作品を通して読者に何を語りかけているのかを探る読書、作品の中で作者と出会う楽しさを味わう読書へと子どもたちを誘う単元として「やまなし」を構成した。作品そのもののおもしろさを感じるだけではない、深い読みにふれるよい機会となった。

②作者・宮沢賢治との出会い

◆詩「雨ニモ負ケズ」との出会い◆

子どもたちは「やなまし」の学習に入る前に、「雨ニモ負ケズ」の詩と出会った。何度も読み、暗唱する中で「ミンナニ　デクノボートヨバレ　ホメラレモセズ　クニモサレズ　ソウイウモノニ　ワタシハナリタイ」という箇所について子どもたちから「宮沢賢治はどうしてこんなふうに思ったのだ

●図4－13　単元の流れ（国語から読書活動へ）

	第一次　6時
学習のねらい	全文を読み、感想を話し合って学習課題をつかむことができる。 2枚の幻灯をそれぞれ想像豊かに読み、表現の美しさを感じとることができる。
学習活動	「やまなし」を読み、お互いの感想を交流し、学習課題（読みの目当て）をもとう。 ・情景を想像しながら全文を読み、感想を交流する。（1.5） ・「表現を味わい、豊かに想像しながら読む」という目当てを確認し、学習の見通しをもつ。（0.5） 「五月」と「十二月」の情景を、それぞれ想像し、味わいながら読もう。（4） ・「五月」の谷川の情景描写や美しい比喩と、「かわせみ」の出現で変化していく「かにの兄弟」のようすを読む。（1） ・「十二月」の谷川の情景や温かい比喩と「やまなし」の出現で変化していく「かにの兄弟」のようすを読む。（1） ・「五月」と「十二月」の違いについて感じたことを交流する。（1.5） ・「やまなし」の感想を書く。（0.5）

第二次 3時	資料などを手がかりに宮沢賢治の生き方やものの考え方について知り、感想を交流することができる。	「やまなし」を書いた宮沢賢治の生き方をものの考え方を知ろう。（3） ・資料「イーハトーヴの夢」を読み、宮沢賢治の生き方やものの考え方について知り感想をもつ。（2） ・賢治はどんな理想をもって、どんな生き方をしたのかをそれぞれの感想をもとに話し合う。（1）
第三次 3時 ＋課外	「やまなし」を再読し、作品に対する自分の考えを広めたり、深めたりすることができる。また、賢治の夢や理想を求めて賢治のほかの作品を読もうとすることができる。	賢治の生き方を知ったうえで作品を読み、作品の世界をより味わおう。（3）＋課外 ・各自が読みの観点をもちながら、一人で「やまなし」を再読し、第一次との読みの違いをまとめる。（1） ・一人で再読したことをもとに話し合い、「やまなし」に対する自分の考えをより広めたり深めたりする。（1） ・賢治の他の作品を読み、賢治の思いや願いについての考えを深めよう。 （1）＋課外
	チャレンジタイム 自分の読んだ作品の中から、チャレンジタイム（コミュニケーションタイム）で「「〇〇（作品名）」の中の賢治を語ろう」というスピーチを行ない、自分の読みを紹介する機会をもつ。	

ろう?・」「自分だったらでくの坊とは言われたくないし、人にほめられたらうれしいのに」という素直な感想があがった。また、「宮沢賢治はどんな生き方をした人なのか知りたい」「宮沢賢治の作品を読んでみたい」という声もあがった。これが宮沢賢治と子どもたちの出会いのきっかけとなった。

◆「やまなし」との出会い◆

その後しばらくして「やまなし」の学習が始まった。初発の感想では「クラムボンって何?・」「作者がつくったことばが多く意味がよくわからない」「不思議な世界」「どうして、かにの兄弟がでてくるんだろう?・」という、疑問を感じる子どもたちが多かった。しかし、そんな中で、すでに「宮沢賢治は、私たちに何を伝えようとして、この童話を書いたのかを知りたい」という感想もいくつかあり、子どもたちは、作者である宮沢賢治に大いに興味を感じてのスタートになった。

◆賢治の生き方に感銘を受けた子どもたち◆

その後、「やまなし」の学習が進むにつれ、焦点は「賢治の生き方やものの考え方」に絞られてきた。宮沢賢治の生き方を学んだある子どもは、こんな感想を書いている。

私は、宮沢賢治さんの生き方、考え方を知って、とても変わった人だなあと思いました。何で裕福な家に生まれたのに、わざわざ農民になることを選んだのか、なぜ農作業に一生をささげたいと思ったのか…。また、それと同時に、心の優しい人だなあと思いました。植物や動物にもやさしいところ、そんなところがやさしいなあと思いました。

賢治さんは、自分の生まれた町や妹が大好きだったんだなと「イーハトーヴの夢」を読んですごくよくわかりました。

賢治さんの童話は、不思議なことがたくさんあって、私は大好きです。

私が思う賢治さんの理想は、みんなが助け合って楽しく生きていくことだと思います。でも、賢治さんは一生を自分のためじゃなく田畑や植物に一生をささげたのはとてもまねできないことだなあと思いました。

◆作品の中に賢治の思いや願いが見えてきた子ども◆

子どもたちの中に、賢治の考え方や願い、理想が入ってくるにつれ、よくわからなかった「やまなし」が少しずつ見え始めてきた。以下、感想である。

私は、最初「やまなし」を読んだだけでは、賢治の伝えたいことはわからなかったけれど、賢治の生き方を知ってからもう一度読んでみて、弱いものの命も大切にしなければならないという賢治の考えと、妹の死を悲しんだ賢治の気持ちから「やまなし」では自然と厳しさを表していると思いました。また、賢治はやさしい心が通い合う世界を理想としていたことが新しくわかり、「やまなし」にはそのような賢治の生き方や考え方がよく表されていることがわかったし、賢治は多くの人たちに自分の考えを伝えたかったんだろうかと改めて思いました。

廊下の賢治コーナー

子どもたちは、賢治の生き方や考え方を知ってから「やまなし」を再読したことで、「やまなし」をより深く読むことができた。作者を知ることで、作品をより深く味わい、身近に感じることができたといえるだろう。

③「ようこそ宮沢賢治の世界へ」

◆図書環境の整備◆

「やまなし」の学習と並行して、宮沢賢治の作品が常に子どもたちの目にふれるようにと、廊下や教室に賢治の作品を展示し、いつでも手を伸ばせるように工夫した。そして、その本の前には、賢治の生い立ちなどを紹介した雑誌の特集記事を掲示した。

「やまなし」の学習を通して宮沢賢治について学習してはいたものの、教科書を離れた別のところで賢治に出会うことで賢治に興味をもち、作品に手を伸ばした子どもも少なくなかった。

◆「みんなで読もう！　この一冊」の取り組み◆

また、「みんなで読もう！　この一冊」の取り組みでは、全員が宮沢賢治童話集を1冊ずつ持った。全員が同じ本を持つこの取り組みは、聞かせ読みを通してみんなで同じ作品にふれる時間を共有したり、家に持ち帰って、好きな作品を繰り返し読んだりできる大切な機会になった。

このようして、子どもたちを賢治の世界へと導いたのだが、「やまなし」の学習が始まってしばらくは、あまり興味がないという子どもが多かった。しかし、「やまなし」の学習が進むにつれて賢治の作品を手に取る子どもが増え始めた。環境を整えることで賢治の作品へと子どもたちを誘う、もう

学校司書によるブックトーク

一つのきっかけになったことは間違いない。

④ブックトークにより拡がる賢治の世界

前述したように、賢治の作品はむずかしいものが多い。時代も違うので子どもたちにはあまりなじみのないものがほとんどである。賢治の生き方や願いを知ったからといって、次々に賢治の作品に手が伸びるという子どもはごく限られている。

そこで、「やまなし」の学習後、宮沢賢治の他の作品へ子どもたちを誘うために、学校司書のブックトークを企画した。

子どもたちにとってなじみのある『注文の多い料理店』から始まり、『猫の事務所』『よだかの星』『シグナルとシグナレス』などの作品が次々と紹介され、子どもたちは身をのり出して聞き入った。これまで読んだことのある本でも、初めて聞く本でも、学校司書の口から紹介されると、とてもおもしろい内容に感じられる。ブックトークの後、子どもたちは競うように本を手に取り読み始めた。

⑤作品の中の賢治を語る子どもたち

学習のまとめとして、コミュニケーションタイムを利用して、自分の読んだ作品の中から心に残った作品を紹介し合う時間をもった。

おすすめの本を紹介するという活動はこれまでに何度も経験している子どもたちだが、今回は、

「賢治の作品の中の賢治を紹介しよう」というテーマで交流を行なうことにした。それぞれの紹介原稿を作成した後、キーワードを考え、大きく紙に書き、それを提示しながら紹介することにした（図4-14）。

賢治の本を提示しながらの紹介

紹介は対話形式で行なった。キーワードの書かれた紙と紹介する本を手に、相手を次々に見つけお互いに紹介し合うのだが、このやり方はキーワードをもとに相手を選んだり、本をもとに相手を選んだりする。同じ作品を読んでいるのに違うキーワードだったり、違う作品を読んでいるのに同じようなキーワードだったりで、子どもたちにも新たな発見があったようだ。

子どもたちは、賢治の作品を読み込み、どの子どもの紹介の中にも、それぞれの賢治像がはっきりと描かれていた。作者を知ることで深まった読みが、いろいろな作品を読むことで広がり、さらに友だちと紹介し合うことで一人ひとりの読みがさらに深まったといえるだろう。

⑥作者を知ることで深まる読み

今回、「やまなし」の学習を入り口に、テーマ読書へと学習を展開したのだが、教材文だけではできない読みの学習が展開できた。

後日、画家・宮本三郎の展覧会を鑑賞した時の子どもの感想の中に、以下のようなものがあった。

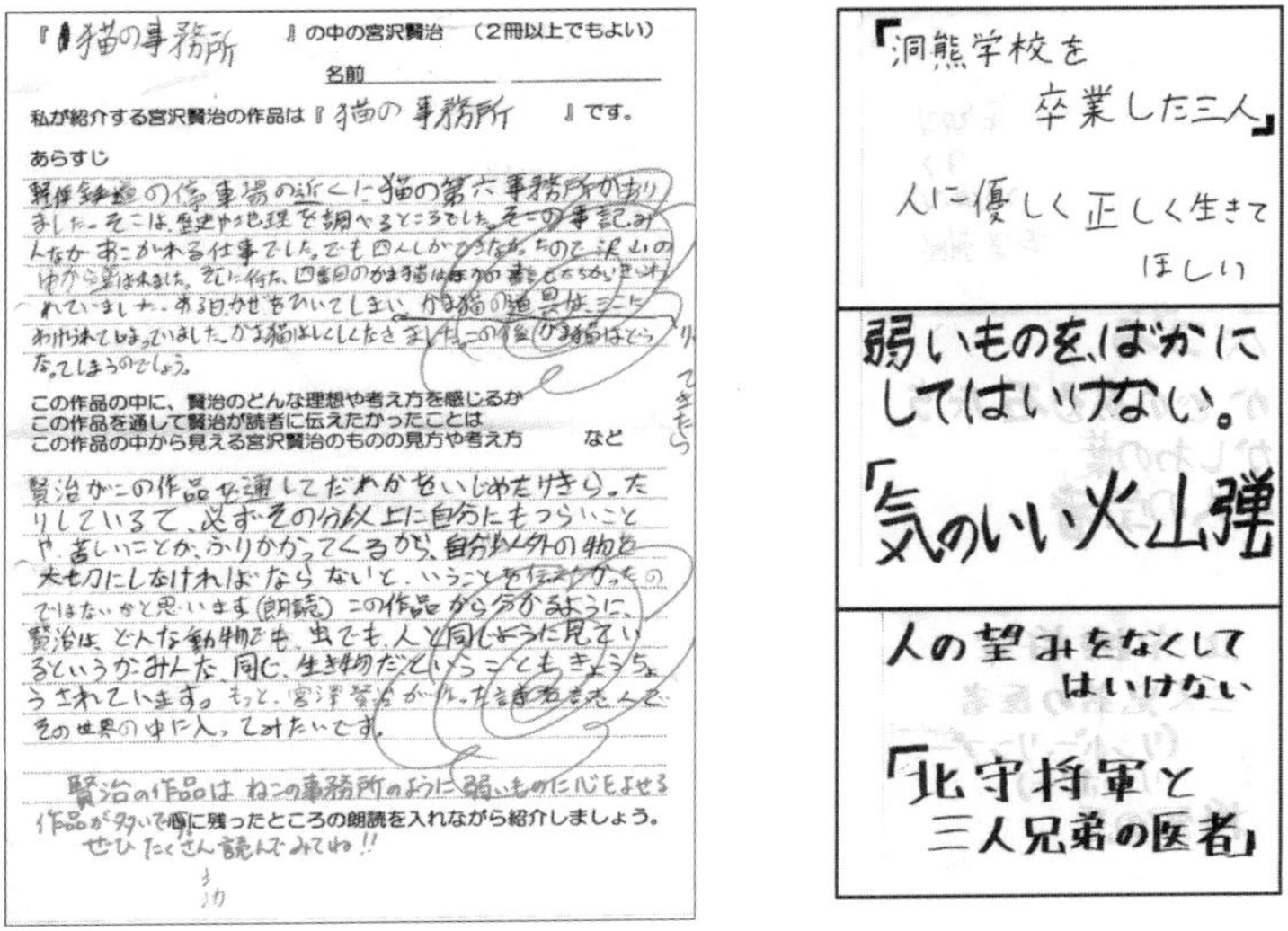

図4－14　紹介の原稿と、子どもたちが考えたそれぞれの作品のキーワード

宮本三郎さんは目に見えたものじゃなく、心に感じたことを絵にしていた。それは以前学習した宮沢賢治も同じだった。人は何か心にあるものを伝えるために絵や文章を書くのだと思った。

賢治の生き方にふれ、賢治の作品を通してつかんだものが、子どもたちの心の中に生きていることを感じ、たいへんうれしく思った。

作者を知り、作者の考え方や生き方に迫る読書。このような読書の仕方を知ることは、子どもたちのこれからの読書生活の一つの道しるべになったのではないかと強く感じた。

テーマ読書（笹倉）

本書ではテーマ読書を、作品と作者それぞれに焦点を当てるものとして分けて考えている。テーマ読書を繰り返し体験していくと、自然と

心に残った場面を音読しながらの紹介

両方の視点から考えるようになってくる。

たとえばここで扱っているように、宮沢賢治の作品からその作者の生き方やものの考え方にふれ、さらに賢治の他の作品にもふれながらより深い賢治の世界へと発展していく。

読書は実際に経験してきた世界のことだけでなく、さまざまな世界の出来事や考え方にふれる機会を与えてくれる。戦争、老人、障害者、人種問題などのノンフィクション作品や、ファンタジー、詩の世界などの創作的な作品などから実に多くのテーマ読書を見いだすことができる。これらは子どもたちが実際には体験できない世界の出来事が多いだけに、より想像力がかき立てられていくことになる。今後、自分自身が困難につきあたった時、本の中で培われ考えてきた体験が生かされ、やがてそれが自分の将来の礎となることもあるだろう。

豊かな読書体験は、人間として人生をより深く、豊かに生きていくきっかけづくりになることを信じている。

第5章

写真で見る串小学校

「図書館の中の学校」

1. これまでの図書室

現在の図書室は、2003年2月に増築された特別教室棟の2階にある。並列する普通教室棟から、図書室のようすがよく見える。普通教室は2、3階にあり、少しでもふだんの学習の中に読書を、という思いから、図書室を2階に置いた。

これまでの図書室は、普通教室棟の3階の一番端にあった。普通教室に廊下を取り入れた広さの部屋である。本棚が三方を囲み、そのうち二方の本棚は背が高く、上2段は利用できない高さであった。その前に低い書架が置いてあった。一方は大きなカウンターと事務用品を入れる棚などがある。書架は余裕がなく、配架はほとんどが背表紙を見せるだけの状態であり、古い本も多かった。あまり明るくない、圧迫感のある部屋だった。

また、部屋の中央は40脚の椅子と長方形の机6つが占領している状態であった。そのため一クラスの児童が入れば、それで部屋はいっぱいになった。もとより、絵本コーナーやパソコンなどの設置はむずかしい状態である。

2003年度には、児童数増加に伴い、古い図書室は普通教室に改築され、和室に移転することになる。その年の5月から特別教室棟増築の工事が始まった。

2003年から2004年の1年間に、図書を二度移動することになったが、それを機に、思い切って本の整理を行なうことができた。新校舎完成を待つ間に、児童図書を増やすべく、PTAは「図書支援バザー」を開催した。寄付なども合わせて、新しい図書室完成に向けて、700冊ほどの新しい図書を購入することができた。

新しい図書室の設備や内装については、第1章で述べたように、平湯方式のカタログを参考にし、学校の意見も十分に取り入れられた。広さと明るさ、そして温かさを感じる居心地のよい空間が誕生したのである。

2. 図書室は本が主役

◆選書が命◆

学校には保健室、理科室と同様に、必ず図書室が設置されている。学校の中にあるということで、当然ではあるが、公共図書館とは違い、そこには蔵書にも教育的な配慮がなされるべきである。

そこで本校では、優先的に購入している読み物の本がある。まず、それは「子どもに読んでもらいたい本」であり、たとえば数十年前から読み継がれている不朽の名作や感動を与えるノンフィクションなどである。

次に、「授業に関わりのある作家の本」である。たとえば、アーノルド・ローベル、あまんきみこ、

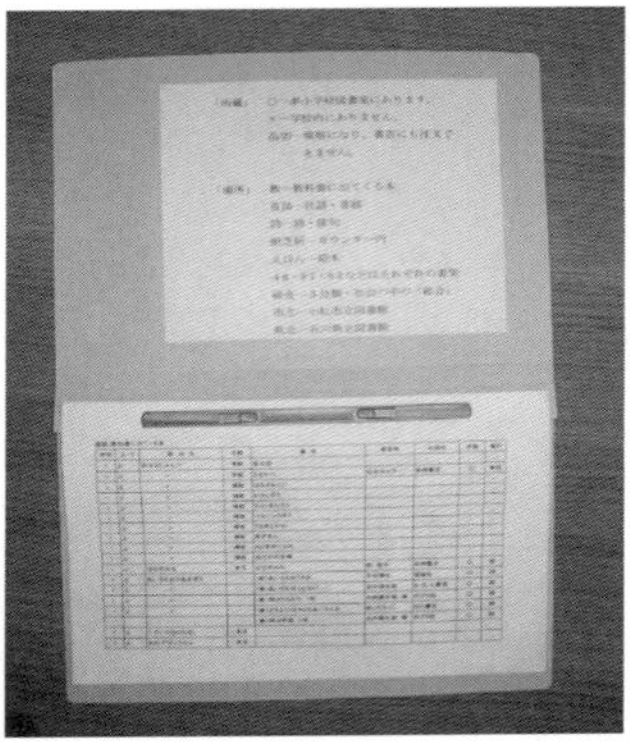

●図５－１　教科書に出てくる本

●図５－２　図書室に置かれたリクエストBOX

中川李枝子、椋鳩十、宮沢賢治など、国語の授業を読書に発展させる足がかりになるような本をそろえている。

また教科書に出てくる本は、本校の蔵書にない本も含めて一覧にし、必要な時には公共図書館から借りたり、購入したりして蔵書に加えていっている（図５－１）。

その他、図書室にはリクエストＢＯＸを置いて、子どもたちの興味、関心をリサーチすることにも気を配っている（図５－２）。

◆新しく入った本◆

新しく図書室に入る本は、その前に数日間、職員室の前に並べるようにしている（図５－３）。ここはすべての職員が、毎日行き来する場所であり、職員に紹介するには絶好の場所である。この中から選んで、教室で読み聞かせをする職員もいる。

校内でまだ誰も読んでないということで、子どもたちの反応もよいようである。図書室前に並ぶよ

●図５－３　職員室前に並べられた新刊本

●図５－４　図書室内のようす

り早く新刊の情報をキャッチしにくる子どももいる。

◆本が主役◆

図書室の主役は本である。主役を引き立たせるために脇役があるのであって、決して脇役がめだってはいけない。

本校の図書室では、床や壁、書架やテーブル、椅子のすべてに木を用い、明るい色でまとめている。椅子の座面でさえ、肌色に近いオレンジ色のシートを使い、窓のカーテンも同系色で統一してある（図５－４）。めだってよいのは、本と、その本の場所を示すサインだけである。

また、書架の奥行きも浅くなるように棚の奥に板を入れてある（図５－５）。書架の前面にまで本が前に出てくると、手に取りやすくなるばかりか、それまで上の段の棚板で影になっていた本の背に、光が当たり、それぞれの本が自己主張を始めたように見やすくなった。

書架はつくり付けのもの以外は、２～３段と低い。その書架の上に司書のおすすめの本を展示している。本は子どもの目の高さに展示することが効果的である（図５－６）。

●図５－５　書架の奥行きは浅く

●図５－６　子どもの目の高さに展示

◆配置◆

本はＮＤＣ（日本十進分類法）に基づき分類されているが、小学生が利用するには、少々むずかしいことがある。そこで、調べ学習などで、子どもたちが本を探しに来た時に、効率的に本が探せるように配置を工夫した。

ＮＤＣでは分類番号が違う「言葉」と「詩」を近くに配置したり、「総合」の学習で利用する本はＮＤＣ分類では分けず別置し、その近くに、パソコンや関連するパンフレットなどを配置したりしている。資料が十分とはいえない学校図書館では、インターネットやパンフレットを活用することも多い。

◆展示テーブル◆

主役の本を邪魔しないように、図書室内の装飾はひかえているが、室内に入って一番初めに目に入る展示テーブルだけは、毎月テーマを変えて飾っている。詩を刺繍したミニタペストリーや小物（人形や木の実、花など）、そしてテーマに沿った本を数冊飾っている（図５－７、図５－８）。展示した本は、その月一番のおすすめの本として、読書の時間に読み聞かせたり、紹介したりしている。

●図5－7　テーブルクロスも季節に合わせて

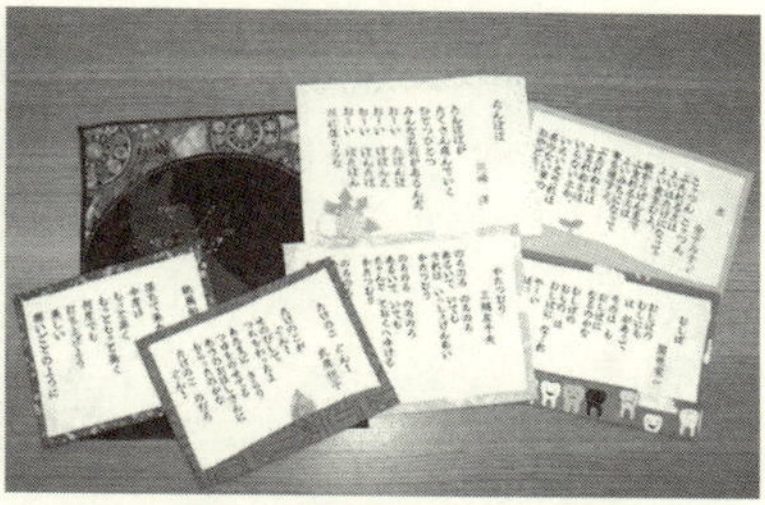

●図5－8　詩を刺繍したミニタペストリー

●図5－9　教科書にでてくる本のコーナー

●図5－10　パンフレットコーナー

◆教科書に出てくる本◆

学校の中に設置された図書館として、必ず設置したいコーナーである。国語の教科書に載っている作品や、教科書で紹介されている本をそろえ、背に学年別のシールを貼っている（図5－9）。教科書が改訂されるたびに入れ替えをしており、他の蔵書と同様、学年を超えて、自由に貸出している。

◆パンフレット◆

先にも述べたが、資料が十分ではない学校図書館では、パンフレットを利用することも多い。学校に送られてくる小学生向けのパンフレットのほか、市の広報、施設案内や観光パンフレットなどはカラー写真も多く、調べ学習や掲示などに活用している（図5－10）。

◆図書室内の掲示◆

その他、串小学校では随所にコーナーの工夫をしている。さまざまな工夫をご覧いただきたい（図5－11～図5－22）。

●図5－11　調べ学習の流れ

●図5－12　漢字やことわざに親しむコーナー

●図5－13　マジックテープ式の図書ボランティアさんの紹介

●図5－14　星野道夫さんの写真と本のコーナー

●図5－15　百科事典・図鑑の近くに参考図書の種類と説明を掲示

●図5－16　児童の作品も展示

●図５－20　岩波少年文庫は全巻そろえている

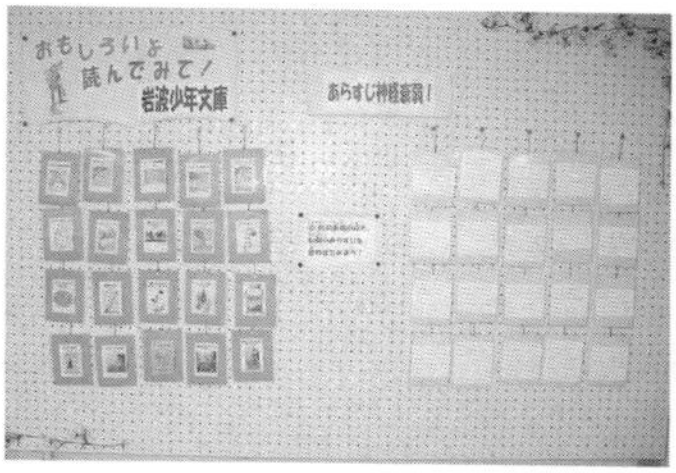

●図５－21　岩波少年文庫をテーマにした掲示「あらすじ神経衰弱」（表紙絵カードとあらすじカードを合わせる）

●図５－22　岩波少年文庫をテーマにした掲示「シルエットクイズ」（主人公の自己紹介から、お話と主人公の名前を答える）

●図５－17　生活科すごろくとその関連図書の展示

●図５－18　郷土の本のコーナーには、小松で詠まれた松尾芭蕉の俳句や、お旅まつりの山車のペーパークラフトを展示

●図５－19　案内板は天井から下げて空間を活用

3. 図書室からの発信

◆読書の時間◆

各クラス、週1時間の図書室を優先的に使用できる時間を設定している。その時間を利用して、図書室の利用指導、図鑑・年鑑の使い方の指導、読み聞かせ、ブックトークなどの読書指導を行なっている（図5－23）。

●図5－23　学校司書によるブックトーク

◆「としょかんだより」◆

毎月、低・中・高学年向けとして、3種類の「としょかんだより」を発行している（図5－24）。図書室からのお知らせ、新刊本の紹介が主であり、それと連動して図書室入り口付近の「としょかんだよりで紹介した本」のコーナーに、実物を展示している（図5－25）。

また、職員の図書室の利用と、読書推進の共通理解を図るために教師向けのもの、家庭での読み聞かせの推進、読書の必要性を訴える保護者向けのものを、それぞれ年1回発行している。

◆お話会◆

学期に1度、図書ボランティアのみなさんにお話会を開いていただいている（図5－26）。また、

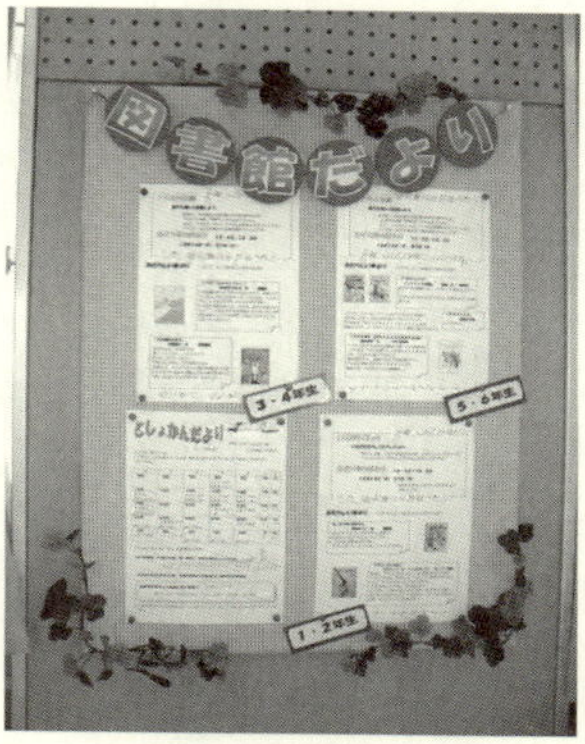

●図5－24　としょかんだよりは図書室内にも掲示

●図5－25　としょかんだよりで紹介した本のコーナー

図書委員会も、読み聞かせだけではなく、パネルシアターやペープサートなどにも挑戦している。練習は大変だが、ほとんどの図書委員は、「またやりたい」と感想を述べている（図5－27）。

◆平和、人権、環境の本◆

平和、人権、環境、どれも未来を担う子どもたちにとって、避けることのできない地球規模の課題である。学校の授業だけではなく、視野を拡げて個人としてこれらの課題に向き合ってほしい。

夏休み前後には、戦争と平和の本、12月の人権週間前には人権の本を職員室前に展示し、読み聞かせあるいは授業で利用してもらっている。その後は、図書室内にコーナーを設けて一定期間展示している（図5－28）。常時別置しておくよりも、このほうが利用者が多いようである。

●図5－26　図書ボランティアによるおはなし会

●図5－27　図書委員によるお話会

●図5－28　戦争と平和の本の特別展示

4.「図書館の中の学校」をめざして

◆図書館と図書室◆

図書室が他の特別教室と違うのは、読書は図書室の中だけで行なうものではないということである。いつも子どもの近くに本があり、それを手渡す大人（学校司書だけではなく学校の職員全員）が身近にいること。本を読む活動、本から知識を得る活動が学校全体に拡まり、学校全体が図書館となることをめざしている。図書室は本の貸出の手続きをするところにすぎない。

◆ブックストリート◆

教室棟から、図書室がある特別教室棟までの廊下を「ブックストリート」と名づけ、読書への誘いの空間としている。新刊本を展示したり（図5－29）、テーマ別の本をパネルとともに展示したりしている。

「小学生新聞の閲覧コーナー」では、特集記事別に新聞をファイリングしている（図5－30）。「図書館の達人」では、今年度の「おすすめ10冊」をもとにしたクイズで、楽しみながら本に出会えるように工夫している（図5－31）。

●図5－29　図書室前の新刊本の紹介コーナー

●図5－30　小学生新聞は記事別にファイルして利用しやすく

●図5－31　図書館の達人（初級・中級・上級があり、扉を開くと本の紹介が書かれている）

●図5－32　民話を読んで世界一周の旅

●図5－33　6年生の教室前廊下に置かれた宮沢賢治の本

「民話を読んで世界一周の旅」では、世界各国の民話の絵本を大陸別に展示している（図5－32）。また、貸出中でも、どんな本が展示してあるのかをわかりやすくするため、表紙をカラーコピーして掲示したり、民話の伝わる国を、布でつくった世界地図で示し、低学年にもわかりやすく掲示した。

◆ボックス図書◆

授業に関連する本、教科書に出てくる作家の本などを、コンテナボックスに数十冊入れ、教室または廊下に置いている（図5－33）。科学の本、歴史の本。国語以外のどんな教科からも、読書に発展させることは可能である。

タイムリーな本がいつも子どもの身近に置いてあること、それを紹介する大人が近くにいることが、子どもと本をつなぐ近道である。

◆串っ子のひびき◆

児童集会では、詩、ことわざ、百人一首などを担当のクラスが暗唱し、発表する「串っ子のひび

●図5－34　全校集会でのお話を掲示

●図5－35　理科室には、季節の星座の本や草本図鑑

●図5－36　音楽室前には、音楽や音楽家の本

●図5－37　理科室前のメダカとメダカの本

き」という時間を設けている。発表した作品を廊下にパネルで掲示し、子どもたちや職員が感想を書き加えていく。また、全校集会などでの校長の話もパネルに掲示して、それに関連した本を展示している（図5－34）。

◆特別教室・廊下◆

理科室、音楽室、英語活動を行なう「くしっ子広場」、算数の少人数学習を行なうチャレンジルームなど、それぞれの教室での活動に関連した本を授業者が選び、展示している（図5－35～図5－37）。

◆今日は何の日？◆

児童が毎日必ず通る児童玄関には、数日おきに、記念日や行事、二十四節気などの季節を表すことばとその意味を掲示し、関連した本を一冊展示している（図5－38）。

◆掲示板◆

2階にある図書室前の階段の上下2つの踊り場に図書室の掲示板がある。図書委員のおすすめの本を紹介したり、図書館に関するニュースを掲示したりしているが、紹介した本をすぐに手に取ってもらえるように、掲示板の下に本を展示している（図5－39）。

◆ふれあいコーナー◆

季節の花や虫などの名前を答えるクイズのコーナーである。問題づくりのために登校時に道ばたの花をつんできたり、虫をつかまえてくる子どもも多い。ここにもやはり図鑑が置いてあり、意欲的に

●図5－38　児童玄関前の案内板と「今日は何の日？」

●図5－39　掲示板と本の展示

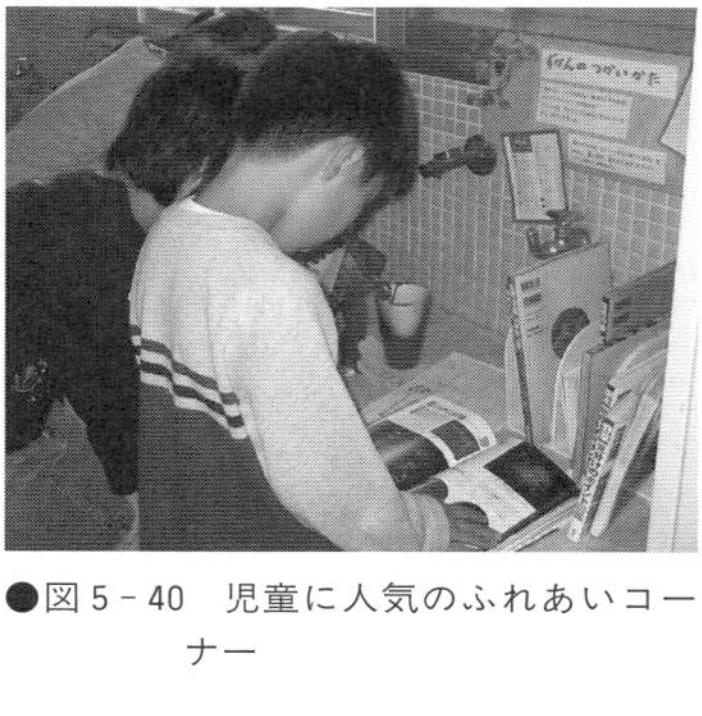

●図5－40　児童に人気のふれあいコーナー

図鑑を調べる児童の姿をよく見かける（図５－40）。

5. ぬくもりのある図書室

◆心の育ちと読書◆

心の育ちと読書の内容は、比例している。子どもたちに質の高い読書を望むのなら、まず心を育てることが必要である。心が育っている子どもは、素晴らしい本を選び、素晴らしい本は子どもの心をさらに育ててくれる。同じ本を読んでも、「おもしろかった」と言う子と「つまらなかった」と言う子がいるのは、単に好みの問題だけではなく、確実に心の育ちと関係がある。そこで、子どもたちの心の育ちを助けるために、選書だけではなく環境整備も大切にしている。

◆木のやさしさ、布のぬくもり◆

「子どもは必ず温かい所に帰っていく」と、以前、ある保育士から聞いたことがある。学校の校舎は鉄筋コンクリートでできているが、せめて本の周囲は温かい空間であってほしい。

木の素材感を大切にした図書室では、同様に布の質感も大切にしている。展示テーブルのテーブルクロスは季節ごとに替え、観葉植物の下や、廊下に本を飾る時にも布を敷くようにしている。温かい色調の布は、そこに展示してある本に特別の意味をもたせ、コンクリートに囲まれた校舎の中でも雰

●図５－41　図書室入り口の案内図

●図５－42　季節のお話のコーナー

囲気のある空間をつくってくれる。また、図書室入り口の、布でつくったパッチワーク風の案内図のほか、掲示にも積極的に布を使っている（図５－41）。

◆季節感◆

季節感は日本人が昔から大切にしてきたものであり、季節を敏感に感じることは、自然を見て、感動する心、自然を大切に思う気持ちにつながる。その地方の、その季節にしかわからない情感というものもある。それを感じとる心と感覚は、経験の中でしか育たないが、本の中で擬似体験はできる。

季節感のある展示はもちろんのこと、季節を感じる本を低い書架の上のおすすめのコーナーに置いたり、絵本コーナーの隣に面出し（本の表紙を見せること）して展示したりしている（図５－42）。

◆自然のもの◆

自然を愛する心は、人間がこの地球上の生態系の中で生きている生物として、何よりも大切な心だと考えている。校内には４つの天然木による案内板が置いてある。これは、２００４年の台風によって折れてしまった校庭の桜の木でつくったものである。

また、図書室内だけではなく、校内にはたくさんの観葉植物が置かれている（図5－43、図5－44）。観葉植物は、見ているだけで心が安らぐ。適度な温度、光、水分、そして育てる人の思いやり。観葉植物が生き生きとしている場所は、人間にとっても居心地のよい場所であることの証である。

◆手づくりのもの◆

図書室内には、ボランティアの方につくっていただいたもの、学校司書がつくったものなど、たくさんの手づくりのものがある（図5－45～図5－49）。手づくりのものは置いてあるだけで必ず何か訴えるものがある。工業製品は、たしかに整っていて美しい。しかし、可能性をたくさんもった子どもたちには、手づくりで温もりのあるものに囲まれて育ってほしいと思う。「自分でもつくってみようかな？」「壊れても直せそうだ」「自分ならこんな風につくるかな」そんな能動的な心が読書につな

●図5－43　天然木による手づくり案内板

●図5－44　観葉植物は心地よさのバロメーター

●図5－45　トールペイントによる案内板

●図5－48　絵本のキャラクターの本立て

●図5－46　新刊雑誌のコーナー

●図5－49　鉛筆立てとカレンダー

●図5－47　図書当番は顔写真と目標入りで

がっていく。なぜなら、読書も能動的な行為にほかならないからである。

◆テレビにカーテン◆

木と布の質感を大切にした本校の図書室の中で異質なものは、パソコンとテレビである。パソコンはノート型なので、室内に入った時にすぐには視界に入らない。しかし、テレビはその目的から、室内のどこからでも見える場所に設置されている。まだ、図書室内の掲示が少なかった頃は、あまり気にする児童はいなかったが、室内の掲示が充実してきた頃から、「図書室に、なぜテレビがあるの？」と、そ

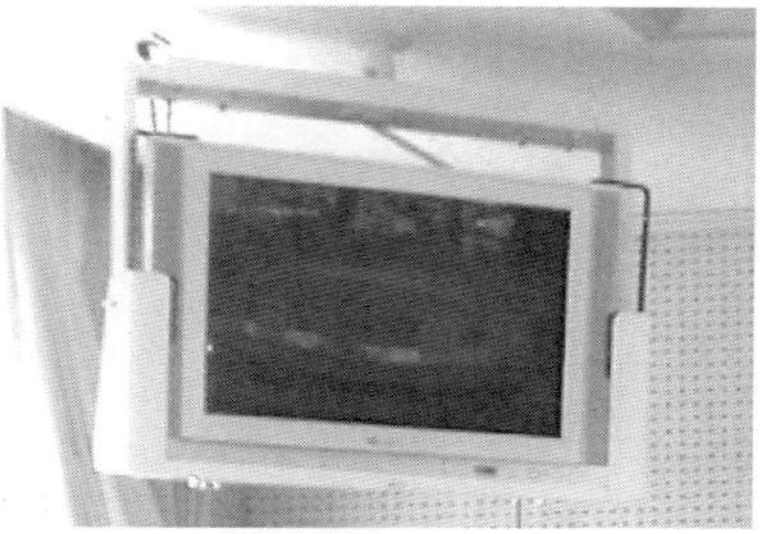

●図5－50　テレビにカーテンをさげる前

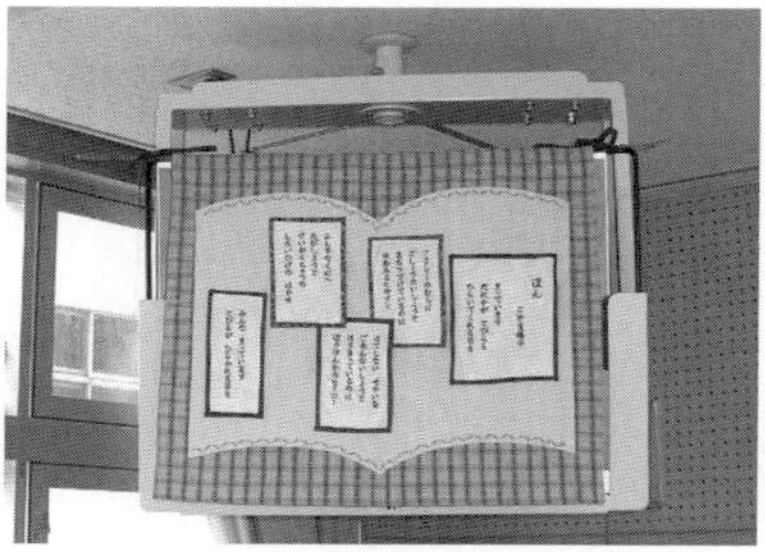

●図5－51　テレビにカーテンをさげた後

の不自然さを訴える児童が増えてきた（図5－50）。

使用頻度が少ないこともあるが、室内の雰囲気に合わないことが原因であると考え、テレビにカーテンをつけた。しかも、図書室内のどこからでも見える場所ということでこのスペースを生かさない手はないと考え、こやま峰子さんの「ほん」という詩を刺繍した（図5－51）。

◆ことばも環境◆

どんなに、図書室内を飾っても、本があっても、子どもと本をつなぐのに一番効果があるのは、人の「ことば」である。教職員のすすめ、友だちどうしや学年を超えた本の紹介。「おもしろかったよ」「いい本、選んだね」「この本おすすめ！」こんな会話が、図書室内だけではなく、学校内のあちこちで聞かれるようになることを願う。読書が、一部の本好きの子のためのものではなく、すべての子どもの心を耕す生活の一部となることをめざしたい。

第6章

串小学校の豊かな読書活動を支えているもの

最近、小学校や中学校において国語力や読書力を高めていく取り組みが盛んに行なわれている。それらのさまざまな取り組みの中でも、私は特に「教師の意識改革」「自発的な自由読書」「学校図書館の整備充実」が重要であると考えている。現在、この3要素が充実している学校はきわめて少ないが、串小学校ではすべての点で優れた成果が現れている。つまり、学校図書館の3要素である「人」「施設」「資料」と大きく関わってくる問題でもある。

ここで、私が関わった2年間にわたる読書活動の研修会のようすを紹介するとともに、串小学校の豊かな読書活動を支えてきたものを整理したい。

1. 人的な読書環境整備

(1) 先生の意識改革

串小学校の先生と出会って感じたことは、どの先生も読書活動にかける意気込みが素晴らしいということであった。

最初の研修会では、「子どもが読書から受ける影響力」「子どもの本に秘められた力」などを先生方に伝えることから始めた。具体的には、毎日一冊でもいいから子どもたちに本を読み聞かせる活動を続けることを約束してもらった。そのことにより、子どもたちの本に対する意識が少しずつ変わってきていることを肌で感じることができるからである。これは子どもが本を楽しむだけでなく、先生に「子どもの本に秘められた力」を知ってもらえるよい機会となった。読み聞かせのように、耳から聞く読書をたっぷりと楽しんだ時間は、やがて子どもたちが一人読みを始める時の底力となるからである。

最近、教育関係の読書に関する本では、読書技法のハウツー本ばかりがめだってきている。ブックトーク、読み聞かせ、アニマシオンなど、すぐに役立つ実践的な技法が求められていることはよく理解できるが、その前に「子どもにとって読書とは何か」を考えることがもっとも重要であると感じている。

研修を始めて2年間で、先生方の子どもの本に対する意識は大きく変わっていった。たとえば、先生の机上に、子どもの本がほぼ常時置いてあることからも、子どもの本への関心の高さがうかがえる。

(2) 校長のリーダーシップ

串小学校の読書活動が充実していったのは、校長のリーダーシップによるところがきわめて大きい。本書の編者であり、前校長である鵜川先生の学校経営の手腕がすぐれていたから、本書のような読書活動の実践に結びついたといえる。国語力と読書力は、すべての学習のベースになるだけでなく、子どもたちの生涯を通じて、「生きる力」の礎となっていくのである。

校長は学校経営の牽引車である。現代のように次から次へと教育課題が山積する状況ではたしかに大変な面もあるが、目先の目標だけにとらわれている管理職があまりにも多い。

特に、教育に対してロマンを語れる校長が少なくなっていることを残念に思っている。鵜川先生とは、子どもの未来にとって、幼少年期に感動的な本と出会うことがいかに大切かを語り合ったことがある。一枚のパンで数日間は生きられるかもしれないが、心を動かす感動的な本との出会いは、生涯を通しての心の支えや励ましや勇気を与えてくれるのである。何よりも、子どもの将来を見据え、幅広い視野に立った学校経営が求められる。教育学者の森信三先生が言われるように、「一眼は遠く歴史の彼方を、一眼は脚下の実践へ」目を向ける管理職や先生であってほしい。

(3) 子どもと本をつなぐのは人である

私が10年前に小学生を対象に読書調査をした結果、女子は読書指導をしなくてもある程度の本を読むが、男子はほとんど読まないことがわかった。また、読書指導の活発な先生のクラスでは、男子と女子が性差なく、よく読書することもわかってきた。だからこそ、子どもと本をつなぐ人の存在は大きいのである。学校では学級担任の力もきわめて重要である。

串小学校では先生が子どもの本と前向きに取り組み、時間があれば子どもの本を手にして読むようになってきたことが、子どもを大きく変えていった要因である。

また、子どもの本の専門家である学校司書の存在もとても大きい。子どもの体を見守る養護教諭がいて、子どもの心の楽しみを見守る専門家（学校司書等）が学校にいないのは残念なことである。串小学校の学校司書であるＮ先生は、調べ学習、読書指導、読書行事、レファレンス、教師とのティームティーチング、読書相談、本の貸出、学校全体の読書環境のレイアウトと、実にさまざまな企画を精力的に実施されてきた。司書教諭と学校司書が連携すれば、充実した読書環境が整備できるのである。串小学校の事例は、司書教諭や学校司書だけでなく、教師がどのように子どもの読書環境整備をするかについて、素晴らしい一つのモデルを提供してくれている。

司書教諭や学校司書がいなくても、知恵を出し合っていけば、できる限りの読書環境の整備が可能である。不満を言う時間があるのなら、子どもたちのために少しでもよりよい読書環境をつくっていってほしい。先生が子どもの本を読んで感動すれば、自然と子どもにもその本を紹介したくなるものである。先生方には、もっともっと子どもの本を読んでもらいたい。

(4)　図書ボランティアの活用

最近、全国の学校で図書ボランティアが活躍している。私は、拙著『心の扉をひらく本との出会い』の中で、図書ボランティアといえども、質の高いボランティアでなければならないと述べた。図書ボランティアは子どもの本の質を見きわめ、選りすぐられた本を子どもたちに提供できなければ、学校へ入るべきでないと考えている。

串小学校では、図書ボランティアと打ち合わせや話し合いを進める中で、学校の方針をしっかりと図書ボランティアの方に理解してもらっているのがよい点である。また、図書ボランティアの研修についても、公共図書館や学校で機会を設けて、資質向上を図っていくことが重要である。

私が6年間関わってきた尾道市の図書ボランティア「学校で本を読む会（ルピナス）」も、本当に質が高く、会員のほとんどが基本に忠実で、読み聞かせ、ブックトーク、ストーリーテリングなどの技術に卓越している。ルピナスでは一流の講師陣を招き、年に数回研修会を実施している。

ボランティアであるから適当でよいということでは、子どもたちには受け入れられない。本物を見抜く目は、子どものほうが鋭いのである。

2. 物的な（施設・資料等）読書環境整備

学校図書館は、子どもたちが「いつでも」「どこでも」活用できる資料をすぐに提供できることが大切である。しかし、現在の日本の学校図書館では、あまりにも資料が不足しているのが現状である。串小学校の学校図書館も、決して資料が充実しているとはいえないが、外観や内容的に、使用に耐えないような本は廃棄し、選りすぐられた本が並んでいるのは素晴らしいことである。調べ学習や聞かせ読みの時など、資料が不足している時は、公共図書館から団体貸出を受けるなど、さまざまな工夫がなされている。

(1)　学校のすべてが学校図書館

私は串小学校の先生に,「学校図書館の中に学校がある」という環境をつくってほしいとお話ししたことがある。当初なかなかその意味は理解してもらえなかったが,海外の学校図書館などの事例をお話しする中で,少しずつ理解を得ていただいたようである。

具体的な中身については本書の第4章をお読みいただきたいが,学校のあらゆる場が子どもたちにとって知的興奮の場となることが理想である。学校図書館の3要素が人・施設・資料であるなら,人的資源は学校の外にもいくらでもある(ゲストティーチャーなど)。また,子どもたちが調べ学習等で活用する施設は,学校の近くにもたくさんあるはずで,学習の課題に応じて,いつでも活用できるようなツールを作成しておくことが必要である。さらに,資料等も,学校図書館の資料だけでは十分でなく,公共図書館,博物館,民俗資料館,市役所・公民館,農林事務所などにも活用できるようなものがあれば,洗い出しておくことが大切である。特に,公共図書館では,各学年の教科課題に応じて,単元でどのような資料が活用できるかを整理しておくとよい。また日本の学校図書館がカナダやアメリカなどの学校図書館支援センター(第3章2節コメント参照)のように活用できるようになることが望まれる。

このように考えると学校図書館とは,学校の集合体よりもさらに広いものであると考えることができる。

(2) 職員室、校長室にも子どもの本を

私がいつもお話に行っている学校の多くは、職員室や校長室にも子どもの本があふれている。「子どもに本を読め」という前に、先生自身に子どもの本を読んでもらいたい。校長室に子どもの本が置いてあれば、遊びに来た子どもたちと本の話題で盛り上がることもある。

広島県のK小学校では、毎週、校長室の前に「今週、校長先生お薦めの本」というコーナーがあり、とてもよいアイデアだと感心したことがある。串小学校では、校長先生が朝会で話された、そのお話に関連のある本が廊下に並べられることがある。校長先生のお話がその時だけで終わるのではなく、本を通して連続性を保って子どもたちの心につながっていくのである。

職員室にも、新刊書を置いたり、学年ごとの読み聞かせ推薦図書を並べるなど、いろいろと工夫していくと、子どもの本に対する先生方の意識も高まるはずである。

3. 子どもの本の「楽しさ」を伝えたい

本書は、国語力、読書力を高める指導について述べてきたが、読書活動においてもっとも大切なのは、子どもに本の楽しさをどのように伝えるかである。勉強のためとか、頭がよくなるから、といっ

(4) 聞かせ読みの大切さ

日本では、小学校3、4年生のもっとも感受性が鋭い時期での読書指導をどうするかが確立していない。この時期に奥の深い、中身の濃い本に出会うか、そうでないかで、本好きになるか否かが決まるような気がする。

まったく本を読んでこなかった子どもでも、本書のような聞かせ読み（第3章2節）をすれば、分厚い本を自分で読みこなしたような満足感が得られる。聞かせ読みの本を、もう一度一人で読みなおしている子どもが多いことから、日本ではもっともっとこの活動が実践されるべきである。ただ、聞かせ読みでは複本をどのように揃えるかという問題が出てくる。公共図書館と相談し、学校図書館用の複本をどのように準備してもらうか、またはすべての学校が利用できる学校図書館支援センターのような施設を設けるなどが考えられるが、いずれにしても今後の大きな課題である。

4. おわりに

私と串小学校との結びつきは、たった一人の先生との出会いからである。京都で子ども読書の講演会をした時に、たまたま串小学校の先生が参加されていて、そのご縁で串小学校にうかがうことになった。森信三先生が言われているように、人と人との出会いは「一瞬早からず、一瞬遅からず」出会えるとつくづく感じた出来事である。まさに、鵜川校長をはじめ、先生方との出会いで多くのことを学び、かねてから考えていた数々の読書活動の実践が可能になった。

本書で述べている串小学校の実践は、これからの日本の国語力・読書力の向上に大きく貢献するものと信じている。なぜなら、さまざまな読書活動の方法や工夫が随所に宝石のように盛り込まれているからである。また、全国の小学校の読書活動のさらなる発展を期待したい。

小松市立串小学校　読書活動資料集

〈資料１〉 2005年度「国語科　読むこと単元の読書活動との関連」年間計画

〈資料２〉 2005年度各教科等の図書利用年間目標

〈資料３〉 2005年度「読書タイム」年間計画

〈資料４〉 2005年度「おすすめ10冊」

〈資料５〉 2005年度「みんなで読もう！　この１冊」

<資料１>2005年度「国語科　読むこと単元の読書活動との関連」年間計画

学年	月	領域	単元名	教材名	読書活動など	活動内容	関連図書	図書について
1年	9月上旬	読む	みんなでよもう	大きなかぶ	民話や昔話を読もう	繰り返しのおもしろさやリズム感あふれる展開を楽しみながら他の民話や昔話を読む。	・おおきなかぶ（トルストイ、A.、福音館書店）　・てぶくろ（エウゲーニ・M・ラチョス、福音館書店）など	すべて図書室にある。
1年	9月下旬	読む・書く	くらべてよもう	じどう車くらべ	自分の考えたはたらく自動車を紹介しよう	「モーターショーをひらこう」：自分の考えたはたらく車のつくりとはたらき、絵を描き、紹介する（対話・グループなど）。	・あたらしいのりものずかん　しょうぼうじどうしゃ（井上広和、小峰書店）　・図鑑　はたらくじどうしゃ（山本忠敬、福音館書店）　・まちではたらくじどうしゃ（関口猪一郎、小峰書店）　・あつまれ！はたらくじどうしゃ（関口猪一郎、小峰書店）　・はたらくじどうしゃ①～⑤（海老原美宜男、国土社）など	すべて図書室にある。
1年	11月上旬	読む	本とともだちになろう	ずうっと、ずっと、大すきだよ	友だちに本を紹介しよう	友だちに紹介したい本を決め、書いたり、話したりして紹介する。	・ずーっと　ずっと　だいすきだよ（ハンス・ウィルヘルム、評論社）	図書室にある。
1年	2月	読む・書く	ちがいをかんがえてよもう	どうぶつの赤ちゃん	動物の赤ちゃんを紹介しよう	動物の赤ちゃんについて書いてある本を探して読み、赤ちゃんを紹介する文をカードに書く。	・どうぶつの赤ちゃん　イルカ・カンガルー・ゴリラ・シマウマ・パンダ・ライオン・ペンギン（ますいみつこ、金の星社）　・「親と子の写真絵本」シリーズ（ポプラ社）　・「古田遠志動物絵本」シリーズ（金の星社）など	図書室にはないものもあるので、購入予定。
1年	3月	読む	おはなしをたのしもう	たぬきの糸車	友だちに本を紹介しよう	友だちに紹介したい本を決め、書いたり、話したりして紹介する。		
2年	5月	読む・書く	じゅんじょに気をつけてよもう	たんぽぽのちえ	植物の知恵や不思議を調べて紹介しよう	植物の本の中から、知恵や不思議を見つけ、カードに書いて友だちに紹介する	・トマトのひみつ、かさぶたくん、つくし、はなのあなのはなし、おへそのひみつ、はながさいたら、ざっそう、ふきのとう、なのはなみつけた、つゆくさ、つばき、くず、すみれとあり、だいず えだまめ まめもやし、たねがとぶ（かがくのとも、福音館書店）　・おしゃれな虫たち、糸で生きる虫たち（松山史郎、大日本図書）　・どんどんのびる草（村山幸三郎、新日本出版社）　・つばめのくらし（菅原光二、あかね書房）など	図書室にある。先生の私物
2年	7月	読む・書く	本とともだちになろう	スイミー	読書紹介をしよう（教室）	レオ＝レオニの本やその他の絵本を読み、おすすめの本を紹介し合う。また、夏休みに好きな本を選び、読んだ本を紹介し合う。	レオ＝レオニシリーズ（好学社）	図書室にある。

2年	10月	読む・書く	だいじなところに気をつけて読む	サンゴの海の生きものたち	生き物図鑑を作ろう（教室掲示）	生き物について書かれた本を読み、初めて知ったことや不思議だなと思ったことをカードに書き、みんなでまとめて図鑑にする。	・科学のアルバム（あかね書房）　・学研の図鑑（学習研究社）など	図書室にかなりの数がそろっている。
2年	10月	読む	ようすをかんがえて読もう	お手紙	おもしろかったところを話し合おう	アーノルド・ローベルの本を読み、同じ本を読んだ子どうしで感想を交流し合う。	・ふたりはともだち、ふたりはいっしょ、ふたりはいつも、どろんこぶた、やどなしねずみのマーサ（アーノルド・ローベル、文化出版局）など	すべて図書室にあるが、さらに数冊購入予定。
3年	5月	読む	まとまりに気をつけて読もう	ありの行列	生き物に関するおすすめの本紹介	科学的な読み物を読み、おすすめの本を紹介する。	・アリ観察事典（小田英智、偕成社）　・クロクサアリのひみつ（山口進、アリス館）　・アリに知恵はあるか？（石井象二郎、偕成社）　・アリの世界（栗林慧、あかね書房）　・アリのお花畑（河野昭一、フレーベル館）　・アリ・バッタ・アメンボウのひみつ（石井雅幸、汐文社）　・ヘチマとアリのなぞ（佐藤有恒、さ・え・ら書房）　・シートン動物記（集英社）　・ファーブル昆虫記（集英社）	すべて図書室にある。
3年	7月	読む・書く	本の世界を広げよう	三年とうげ	本の帯を作ろう（教室・図書室に掲示）	世界の民話や教科書で紹介されている本を読み、おすすめの作品を決めて本の帯を作る。 本の帯を読み合って、自己評価・相互評価をする。	・もりのなか、またもりへ（マリー・ホール・エッツ、福音館書店）　・のうさぎのおはなしえほん　ともだち（片山令子、ビリケン出版）　・はるにれ（柿崎一馬、福音館書店）　・かいぞくオネション（山下明生、あかね書房）　・大どろぼうホッツェンプロッツ（オットフリート・プロイスラー、偕成社）　・おじいちゃんのおじいちゃんのおじいちゃんのおじいちゃん（長谷川義史、BL出版）　・せかいいちのはなし（北彰介、金の星社）　・あやとりひめ（森山京、理論社）　・もりのこどもたち（長倉洋海、ひさかたチャイルド）など	すべて図書室にある。
3年	10月	読む	場面の様子を想像しながら読もう	ちいちゃんのかげおくり	読書カードを書こう（教室・廊下に掲示）	戦争についてや戦争中の家族の様子が分かるような図書を中心に並行読書をする。読んだ本の中から心に残ったものについて読書カードに書き掲示する。コミュニケーションタイムで紹介し合う。	・えんぴつびな（長崎源之助、金の星社）　・おかあさんの紙びな（長崎源之助、岩崎書店）　・かわいそうなぞう（つちやゆきお、金の星社）　・一つの花（今西祐行、あすなろ書房）　・わたしのヒロシマ（森本順子、金の星社）　・川とノリオ（いぬいとみこ、理論社）　・ムッちゃん（中尾町子、山口書店）　・伸ちゃんのさんりんしゃ（児玉辰春、童心社）など	すべて図書室にある。
3年	11月	読む・書く	段落のまとまりをつかもう	すがたをかえる大豆	身近な食べ物について調べ、文章にまとめて紹介し合おう	調べたい食べ物について情報を集め、本文の文章構成を参考に、段落意識をもってまとめる。グループで本にし、自己評価・相互評価をする。	・そだててあそぼう　ダイズの絵本、米の絵本、小麦の絵本、とうもろこしの絵本など（国分牧衛、農山漁村文化協会）　・かがくのとも　まんまるだいずみそづくり（ミノオカリョウスケ、福音館書店）　・大豆、豆腐、みそ、納豆が効くレシピ101（落合敏、グラフ社）など	購入予定。

<資料2>2005年度　各教科等の図書利用年間計画

月	1年	2年	3年	4年	5年	6年
4		国語：「ふきのとう」工藤直子の本	国語：「つづけてみよう」読書日記を書く 総合：世界の国々に関する本 理科：生き物図鑑作り、虫、植物の名前調べ	理科：春のしぜん　新聞作り 社会：ごみについて		
5		国語：「たんぽぽのちえ」植物に関する本 生活：植物の本	国語：「きつつきの商売」「ありの行列」生き物の本、「わたしと小鳥とすずと」金子みすずの詩やその他の詩の本 理科：「チョウを育てよう」昆虫を育てる	国語：「『かむ』ことの力」からだや病気に関する本 社会：水について	国語：「時間、海雀」文語体の詩の本 社会：米作りについて 理科：動物の誕生に関する本 総合：生き物、ビオトープに関する本	社会：日本の歴史（人物辞典） 理科：ヒトや動物の体に関する本
6	国語：「あいうえおのうた」言葉遊びの本の紹介や詩の紹介 「いろいろなくちばし」鳥や動物の本からの問題作り	生活：生き物・昆虫の本	国語：「三年とうげ」外国の本	国語：「新聞記者になろう」国語辞典で意味調べ・漢字辞典の引き方・新聞作りの本	国語：言葉の研究レポート・ことわざ辞典、国語辞典、漢字辞典 社会：船舶の本	
7	国語：「こんなほんをみつけたよ」 おすすめの本とその本の好きなところの紹介	国語：「スイミー」レオ・レオニの本、「にじいろのさかな」シリーズなど おすすめ本の紹介	国語：「本の帯を作ろう」本を選ぶ・本の帯調べ	国語：「白いぼうし」あまんきみこの本 理科：夏のしぜん　夏の植物調べ　星を見よう　星座調べ	国語：「人と「もの」との付き合い方」環境に関する本	国語：「森へ」星野道夫の本 社会：江戸～明治 社会：明治～大正
8	平和に関する本：読み聞かせ 自由研究					
9	国語：「大きなかぶ」外国の民話	国語：「おおきくなあれ」詩の本	国語：「キリン」まどみちおの詩やその他の詩の本 理科：野山へでかけよう・昆虫のつくりと体を調べる	国語：「ぼく」木村信子の詩やその他の詩の本 理科：月の動きについて 国語：「手と心で読む」点字・手話について	国語：「わらぐつの中の神様」杉みき子の本、昭和のくらし 社会：自動車工場	道徳：「いのち」・「生・死」に関する本 社会：大正～昭和 社会：戦争に関する本

10	国語：「じどう車くらべ」じどう車図鑑作り	国語：「サンゴの海の生きものたち」生き物について書かれた本 国語：「お手紙」アーノルド・ローベルの本	国語：「読書感想文を書こう」本選び 「ちいちゃんのかげおくり」 戦争に関する本 理科：「野原へ出かけよう」・植物といろいろな種の本	国語：「一つの花」 戦争に関する本・ 今西祐行の本 理科：秋のしぜん　新聞作り	国語：「千年の釘にいどむ」 生き方に関する本	国語：宮沢賢治の童話や詩
11	生活：「秋とあそぼう」木の実や虫調べ	国語：「お話大すき」 生活：サツマイモ料理、 お祭りのゲームの参考図書	国語：「食べ物はかせになろう」食べ物の本	国語：「アップとルーズで伝える」 説明文的読み物・学校史、串町の歴史の本	国語：「ニュース番組の現場から」 報道に関する本、新聞 総合：環境に関する本	総合：福祉に関する本 道徳：人権・平和に関する本
12	国語：「ずうっと、ずっと、大すきだよ」 おすすめの本を1冊決めて紹介		国語：説明書を書くのに参考となる本	理科：冬のしぜん　生き物調べ	国語：「どんなとき、だれに」 方言に関する本	
1	国語：「どうぶつの赤ちゃん」 クイズ作り アニマシオン体験 どうぶつの赤ちゃんの様子が書いてある本	国語：詩を読もう	国語：「たから物をさがしに」 冒険の本	国語：「言葉遊びの世界」 言葉遊びの詩 総合：福祉に関する調べ学習	国語：「漢字のよみ方と使い方」（辞典）	総合：個人追及の本 理科：大地の変化（火山・地震）
2	国語：「たぬきの糸車」昔話		国語：「モチモチの木」斉藤隆介の本	国語：「カンジーはかせの漢字しりとり」（辞典） 国語：「ごんぎつね」新美南吉の本・民話	国語：「大造じいさんとガン」 「月夜のみみずく」椋鳩十の本・生き物の出てくる本 「同じ音の漢字」（辞典） 社会：環境学習の調べ学習	国語：「熟語の成り立ち」熟語調べ 国語：「海の命」「山の命」いのちに関する本・立松和平の本 理科：自然と人の関わり方・湿原など
3		国語：「スーホの白い馬」 外国の物語の本	国語：「モチモチの木」民話			社会：世界の国々のくらしの調べ学習

＜資料３＞2005年度「読書タイム」年間計画

	4月	5月	6月	7月	9月	10月	11月	12月	1月	2月	3月
1年	6年生による読み聞かせ	6年生による読み聞かせ			＜大きなかぶ＞外国の絵本を読もう	＜じどう車くらべ＞乗り物の本を読もう	＜くじらぐも＞中川りえこの本を読もう			＜どうぶつの赤ちゃん＞動物の本を読もう	＜たぬきの糸車＞昔話や民話を読もう
2年	＜ふきのとう＞工藤直子の本を読もう	＜たんぽぽのちえ＞植物に関する本を読もう		＜スイミー＞レオ・レオニやその他の絵本を読もう	＜サンゴの海の生きものたち＞生き物について書いてある図鑑・本などを読もう	＜お手紙＞アーノルド・ローベルの本を読もう	＜お話大すき＞君島久子・神沢利子・ねじめ正一など教科書に紹介されている作家の本を読もう		＜いるか＞詩や言葉遊びの本を読もう		＜スーホーの白い馬＞いろいろな国の民話を読もう
3年		＜きつつきの商売・ありの行列＞生き物に関する科学的な読み物を読もう		＜三年とうげ＞外国の本を読もう	＜ちいちゃんおかげおくり＞戦争のお話を読もう	＜食べ物はかせになろう＞食べ物の本を読もう			＜たから物をさがしに＞冒険の本を読もう	＜モチモチの木＞斎藤隆介の本を読もう	＜モチモチの木＞民話を読もう
4年		＜「かむ」ことの力＞体に関する本を読もう		＜白いぼうし＞あまんきみこの本やシリーズになっている本を読もう		＜一つの花＞戦争の本を読もう 今西祐行の本を読もう		伝記を読もう		＜ごんぎつね＞民話を読もう	
5年	＜新しい友達＞石井睦美さんの本や「友情」をテーマにした本を読もう		＜サクラソウとトラマルハナバチ＞科学的な読み物を読もう			＜千年の釘にいどむ＞同じテーマで書かれた本を読もう		命に関する本を読もう		＜大造じいさんとガン、月夜のみみずく＞椋鳩十の作品を読もう →	
6年	＜カレーライス＞重松清さんの本を読もう		＜森へ＞自然をテーマにした本を読もう	＜いろいろな本にふれよう＞ ・霧のむこうの不思議な町 ・グリックの冒険 など		＜表現を味わい、豊かに想像しよう＞ 宮沢賢治の本に親しもう	＜筆者の考えを受け止め、自分の考えを伝えよう＞ 平和に関する本を読もう	人権の本を読もう		＜学習したことを生かして＞ 立松和平の本を読もう	

＜　＞は関連する教科書教材　空欄は自由読書の月

＜資料４＞2005年度「おすすめ10冊」

1年生

書名	作家名	画家名	訳者名	出版社
ぐりとぐら	なかがわりえこ　作	おおむらゆりこ　絵		福音館書店
わたしのワンピース	にしまきかやこ　作	にしまきかやこ　絵		こぐま社
むしたちのうんどうかい	得田之久　作	久住卓也　絵		童心社
ろくべえまってろよ	灰谷健次郎　作	長　新太　絵		文研出版
どろんこごぶた	アーノルド・ローベル　作	アーノルド・ローベル　絵	岸田衿子　訳	文化出版局
あいうえおっとせい	谷川俊太郎　作	白根美代子　絵		さ・え・ら書房
かさじぞう	瀬田貞二　再話	赤羽末吉　絵		福音館書店
かがくのとも傑作選　たべられるしょくぶつ	森谷　憲　文	寺島　竜一　絵		福音館書店
かがくのとも傑作選　ふゆめがっしょうだん	長　新太　文	冨成忠夫・茂木　透　写真		福音館書店
ともだちや	内田麟太郎　作	降矢　なな　絵		偕成社

2年生

日本傑作絵本シリーズ　おしゃべりなたまごやき	寺村輝夫　作	長　新太　絵		福音館書店
くまの子ウーフのえほん１　おかあさんおめでとう	神沢利子　作	井上洋介　絵		ポプラ社
おかあさんがおかあさんになった日	長野ヒデ子　作			童心社
わすれられないおくりもの	スーザン・バーレイ　作	スーザン・バーレイ　絵	小川仁央　訳	評論社
いぬうえくんがやってきた	きたやまようこ　作			あかね書房
さいごのまほう	中島和子　作	秋里信子　絵		金の星社
むかしむかし絵本５　ちからたろう	いまえよしとも　文	たしませいぞう　絵		ポプラ社
福音館かがくのほん　じめんのうえとじめんのした	アーマ・E・ウェーバー　作		藤枝澪子　訳	福音館書店
かがくのとも傑作選　ざりがに	吉崎正巳　作	吉崎正巳　絵		福音館書店
さっちゃんのまほうのて	たばた　せいいち　作	たばた　せいいち　絵		偕成社

3年生

花さき山	斎藤隆介　作	滝平二郎　絵		岩崎書店
おあはなしパレード７　なぞなぞライオン	佐々木マキ　作			理論社
火よう日のごちそうはひきがえる	ラッセル・エリックソン　作	ローレンス・ディ・フィオリ　画	佐藤凉子　訳	評論社
せかいのどうわシリーズ　ポリーとはらぺこオオカミ	キャサリン・ストー　作		掛川恭子　訳	岩波書店
エルマーのぼうけん	ルース・スタイルス・ガネット　作	ルース・クリスマン・ガネット　絵	わたなべしげお　訳	福音館書店
子どものための世界文学の森13　長くつ下のピッピ	リンドグレーン　作	桜井　誠　絵	大塚勇三　訳	集英社
おもしろくてやくにたつ子どもの伝記　エジソン	桜井信夫　文			ポプラ社
幼年版　シートン動物記１	シートン　作	たかはしきよし　絵	こばやしせいのすけ　文	あすなろ書房
やあ出会えたね１　ダンゴムシ	今森光彦　文	今森光彦　写真		アリス館
森のお店やさん	林原玉枝　文	はらだたけひで　絵		アリス館

4年生

黒ねこサンゴロウ１　旅のはじまり	竹下文子　作	鈴木まもる　絵		偕成社
少年少女世界名作の森11　トム・ソーヤーの冒険	マーク・トウェイン　作	木川秀雄　絵	亀井俊介　訳	集英社
車のいろは空のいろ　白いぼうし	あまんきみこ　作	北田卓史　絵		ポプラ社
ルドルフとイッパイアッテナ	斉藤　洋　作	杉浦範茂　絵		講談社
ゆかいなヘンリーくんシリーズ１　がんばれヘンリーくん	ベバリイ・クリアリー　作	ルイス・ダーリング絵	松岡享子　訳	学習研究社
子どものための世界文学の森16　ロビンソン・クルーソー	ダニエル・デフォー作	依光　隆　絵	林　孝　訳	集英社
おもしろくてやくにたつ子どもの伝記７　ヘレン・ケラー	砂田　弘　文			ポプラ社
こども版　ファーブルこんちゅう記１	アンリ・ファーブル　著		小林清之介　訳	小峰書店
子どものための世界文学の森28　ギリシア神話	トマス・ブルフィンチ　著		箕浦万里子　訳	集英社
こんにちは！　盲導犬ベルナ	郡司ななえ　作	高橋貞二　画		ハート出版

5年生

葉っぱのフレディ　いのちの旅	レオ・バスカーリア　作	島田光雄　絵	みらいなな　訳	童話屋
クラマ博士のなぜ	山中　恒　作			理論社
フォア文庫　ハッピーバースデー　命かがやく瞬間	青木和雄　作	加藤美紀　絵		金の星社
椋鳩十全集15　マヤの一生	椋　鳩十　作			ポプラ社
少年少女世界名作の森14　赤毛のアン	ルーシー・モード・モンゴメリ　作	田中槇子　絵	谷口由美子訳	集英社
学研のノンフィクション　目の見えない犬ダン	大西伝一郎　文	山口みねやす　絵		学習研究社
おもしろくてやくにたつ子どもの伝記1　野口英世	浜野卓也　文			ポプラ社
たくさんのふしぎ傑作選　ゾウの時間とねずみの時間	本川達雄　文	あべ弘士　絵		福音館書店
文研科学の読み物　森のスケーターヤマネ	湊　秋作　著	金尾恵子　絵		文研出版
ポプラ社文庫　おかあさんの木	大川悦生　作	箕田源二郎　絵		ポプラ社

6年生

岩波少年文庫　銀河鉄道の夜	宮沢賢治　作			岩波書店
少年少女世界名作の森3　十五少年漂流記	ジュール・ベルヌ作	柳　柊二　絵	末松氷海子訳	集英社
ハンナのかばん　アウシュビッツからのメッセージ	カレン・レビン　著		石岡史子　訳	ポプラ社
NHKプロジェクトX　ジュニア版①　命を救え！愛と友情のドラマ	NHKプロジェクトX製作班			汐文社
少年少女世界名作の森12　秘密の花園	ホジソン・バーネット　作	中山庸子　絵	前田三恵子訳	集英社
おもしろくてやくにたつ子どもの伝記2　マザー・テレサ	やなぎやけいこ　文			ポプラ社
植物は考える生きもの	野田道子　文	藤田ひおこ　絵		PHP研究所
深海底7500メートルの世界へ	ぬくみちほ　文	ぬくみちほ　写真		学習研究社
偕成社文庫　かぎりなくやさしい花々	星野富弘　著			偕成社
岩波少年文庫　冒険者たち	斎藤惇夫　作	藪内正幸　絵		岩波書店

＜資料5＞2005年度「みんなで読もう！　この1冊」

学年	書名	作者・編者	出版社
1年	こころにのこる1ねんせいのよみもの	長崎　源之助　監修	学校図書
2年	イッキによめる！名作選　小学2年生	斎藤　孝　編	講談社
3年	イッキによめる！名作選　小学3年生	斎藤　孝　編	講談社
4年	イッキによめる！名作選　小学4年生	斎藤　孝　編	講談社
5年	月の輪グマ	椋　鳩十　作	ポプラ社
6年	宮沢賢治童話集　風の又三郎 注文の多い料理店	宮沢賢治　作	講談社

引用（参考）文献

巻頭言

『学校と社会』ジョン・デューイ、宮原誠一訳、岩波書店、１９５７年

はじめに

『日本語力と英語力』齋藤　孝・斎藤兆史、中央公論社、２００４年

『国家の品格』藤原正彦、新潮社、２００５年

『読む力は生きる力』脇　明子、岩波書店、２００５年

第1章

『読み聞かせ　この素晴らしい世界』ジム・トレリース、亀井よし子訳、高文研、１９８７年

『児童文学論』リリアン・スミス、石井桃子・瀬田貞二・渡辺茂男訳、岩波書店、１９６４年

『フィンランドに学ぶ教育と学力』庄井良信・中島　博、明石書店、２００５年

第2章

『読む力は生きる力』脇　明子、岩波書店、２００５年

『子どもの未来をひらく自由読書』笹倉　剛、北大路書房、２００４年

『学びを豊かにする学校図書館』澤　利政、関西学院大学出版会、２００４年

『感性を磨く読みきかせ』笹倉　剛、北大路書房、１９９９年

『心の扉をひらく本との出会い』笹倉　剛、北大路書房、２００２年

第3章
『朝の連続小説』杉山　亮、仮説社、2003年
『子どもの豊かさに培う共生・共創の学び』白石範孝、加賀美久男、二瓶弘行、青山由紀、青木伸生、東洋館出版社、2004年
『「言の葉」の語り――文学作品編』二瓶弘之、株式会社スカラベ〈国語音声言語学習ビデオ〉
『子どもの未来をひらく自由読書』笹倉　剛、北大路書房、2004年
『みんなで話そう　本のこと』エイダン・チェインバース、こだまともこ訳、柏書房、2003年
『こくごであそぼ――本が好きになる本』齋藤　孝編、文藝春秋、2004年

第6章
『心の扉をひらく本との出会い』笹倉　剛、北大路書房、2002年
『子どもの未来をひらく自由読書』笹倉　剛、北大路書房、2004年

あとがき
『心の扉をひらく本との出会い』笹倉　剛、北大路書房、2002年
『読書の発達心理学―子どもの発達と読書環境』秋田喜代美、国土社、1998年

あとがき

「一冊の本が人生を変える」とは、よく言われます。私と笹倉剛先生との出会いも、『心の扉をひらく本との出会い』という一冊の書籍からでした。

この本を拝読し、ぜひお話をうかがいたいと思い、著者の笹倉先生にコンタクトをとったところ、快くお引き受けくださり、幸運にもその後2年間に渡ってのご指導をいただくことができました。幾度も北陸に足をお運びいただき、先生の児童書や読書への深いご造詣をベースにした、読書活動を進めるための豊富な技の一端を学ばせていただきました。教員への読書の意義の研修、親子読書会での本紹介や読み聞かせ、読書活動のご参観・ご指導、研究発表会の日でのご講演、……さまざまな形でご教導いただきました。串小学校の読書活動の推進は、笹倉先生のご尽力で進めることができたといえます。

2004・2005年度の2年間、学校全体で読書活動に取り組んだ結果、子どもたちの読書の質や量は飛躍的に向上しましたが、それは、教員自らが読書の素晴らしさを実感し、子どもと物語の世界を共有することの幸せを楽しんだからでした。そして、保護者や家族の方々が、読書する子どもの姿を喜んだからでした。まさに、子どものそばにいる大人が「本を手渡す人」となっていったのです。学校だからこそできる読書活動が、心やことばを育てる大きな原動力となり、大きな成果をあげることができました。

小学校時代に出会わせたい本に出会った子どもが、また中学校・高等学校でもその時代に出会わせたい本に出会っていくことによってこそ、大人の読書力としてはたらいていくのではないかと思います。この子どもたちが、素敵な読書の歩みを続けていってくれることを願っています。

また今回、東京大学大学院・秋田喜代美先生に巻頭言と帯のおことばをいただきましたことは、身に余る光栄です。以前より秋田先生のご著書や教育雑誌の論文から多くの示唆をいただいてきましたが、秋田先生は、ご著書『読書の発達心理学—子どもの発達と読書環境』の中で、「本に関わった時に志向する二つの方向性」として、「他者との対話の方向性」と、「自己内対話という方向性」を示されており、さらに「子どもたちが自らの〈声〉を形成し、他の人の声と交わし合えるような読書環境づくりが、これからの社会にはもとめられているのではないでしょうか」と展望されています。今回の実践は、私自身、そのお考えとも重なるところが多かったと認識しております。

なお、執筆者紹介の中に氏名は入れませんでしたが、2005年度の串小学校の職員（浮見明子・宮越豊美・西そと・村井鈴栄・橋詰和美・河崎弘美）も、読書へのいざないのためにいろいろな形で活躍していました。本書の実践は、まさに学校ぐるみで進めてきた読書活動です。ささやかながら、子どもに本を、との願いをともに一丸となって取り組んできたことが、このような形でみなさまの目にふれることを、喜び半分、不安半分の思いでいます。また、北大路書房編集部の北川芳美さんには、適切なご指摘をいただき、このような素晴らしい本にしていただきました。心からお礼申し上げます。

今、子どもの読書への関心が社会的にも高まっていることを、とてもうれしく思っています。本書が、子どもたちに読書の楽しさを伝えていく一つのきっかけになることを祈っています。

２００６年８月

鵜川美由紀

東山麻由美	著者の生き方，物語の世界などを味わうことのできる読書。子どもも大人も一生大切にしたいことです。
高橋千津代	読書は心の食事です。時を得て，出会うべくして出会う本が，子どものかたわらにありますように。
橘　としみ	読み聞かせをしているとき，子どもの心がぐっと近づいてくる瞬間があります。その瞬間がたまらなく好きです。
多保田好浩	子どもたちを本の世界に誘うことは，土を耕すことに似ています。いつか豊かな実りをもたらしてくれます。
谷口　一登	「ブックトークって楽しいじゃないか！」あまり本を読まない私の正直な本音です。ぜひ，ご賞味あれ。
堂前奈美子	読み聞かせの時，子どもたちの純粋なまなざしで本の世界に引き込まれ，気持ちの一体感を強く感じました。
中川　由紀	感動は心の栄養。子どもたちの心に感動をもたらすような本を手渡してあげられる大人でありたいです。
藤伊みち子	絵本の世界で喜怒哀楽を共有した子どもたち，読書の楽しさを共有した教職員。交流体験は素晴らしい。
西尾恵美子	読み聞かせをしている時の子どもたちの輝く瞳と，同じ本の世界に浸る心地よさがうれしいです。
松浦香奈子	子どもたちと一緒にさまざまな本に出会い，感動したり，心動かされたり。本から心の栄養をたっぷりと。
宮下　健一	物語の世界に引き込まれた子どもたちの瞳や表情は，生き生きしています。教師が本の道案内を。
吉田　幸裕	本のおもしろさを伝える活動を通して，幅広いジャンルの本を読むようになりました。

執筆者紹介

＊2005年小松市立串小学校の
読書活動にかかわった教職員

〈読書・読書活動についてひとこと〉

鵜川美由紀（校長）	読書を楽しみ，読書力を携えて未来をひらく子に育つように，学校でこそできる読書活動を。
山本　裕（教頭）	幼い日に読んだ本の一節から大きな夢がふくらみ，大人になって叶う，そんな喜びを子どもたちにも！
池田　千晶	広い広い本の世界，その一部を子どもたちと共有できたことが嬉しい。素敵な本にたくさん出会いました。
泉　五月	本を通して心がつながる，そんな温かな時間を，これからも大切にしていきたいです。
太田　英一	読みきかせはクラスを育ててくれました。同時に，自分も育てられました。みんなの心の肥料です。
大音師亜子	子どもが夢中になっている姿は，とてもすてきです。こんなにも本が好きになるんだと感じました。
鍛冶　千景	文学が生み出す世界を，より深く自らの内に浸透させる活動が積み重なって，児童の糧になってます。
加茂　孝子	読んでもらっている時の子どもの目，息をつめて読んでいる顔，心豊かな光景がいっぱいでした。
北村　聖子	本は一生の友だち。今年もたくさんの素晴らしい友だちと出会いました。その喜びを共有できて幸せでした。
越井　千鶴	目が輝いてきたり，思わず，口元が微笑んだり。本に浸ってい子どもの顔を眺めるのが好きです。
小中　笑子	読んだ本を伝え合う読書交流会は，人と人との心もつなぎました。小さな出会いは，宝物です。
坂下　和之	子どもたちは，作品の世界を想像しながら語ることが大好きです。生き生きと語る素晴らしさを感じました。

[監修者]

笹倉　剛（ささくら・つよし）

1950年　兵庫県に生まれる
1973年　京都教育大学数学科卒業　黒田庄町立黒田庄中学校勤務後,
1982年　兵庫教育大学大学院修士課程修了
兵庫教育大学学校教育学部附属中学校文部教官
兵庫県立図書館調査専門員
兵庫県立教育研修所主任指導主事
兵庫県立図書館主任調査専門員を経て
現　在　神戸親和女子大学文学部教授
北はりま「子どもの本の学校」主任指導主事
絵本セラピー旅の会事務局長
日本図書館協会個人会員
全国学校図書館協議会個人会員
日本子どもの本研究会会員
この本だいすきの会会員
国際子どもの本研究センター会員

著　書　子どもが変わり学級が変わる　感性を磨く「読み聞かせ」（北大路書房）1999年
心の扉をひらく本との出会い—子どもの豊かな読書環境をめざして（北大路書房）　2002年
子どもの未来をひらく自由読書—関心をひきだす読書指導のコツ（北大路書房）　2004年

[編著者]

鵜川美由紀（うがわ・みゆき）

1945年　福井県に生まれる
1968年　福井大学教育学部卒業
福井大学教育学部附属幼稚園教諭文部教官
石川県小松市立小学校教諭
石川県小松市立矢田野小学校教頭
石川県小松市立那谷小学校教頭
石川県小松市立第一小学校教頭を経て
2000年　石川県小松市立串小学校校長（2006年３月まで）

子どもの心とことばを育む
読書活動実践事例集
「図書館の中の学校」づくりをめざして

2006年8月20日　初版第1刷発行
2010年5月20日　初版第2刷発行

定価はカバーに表示してあります。

監修者　笹倉　剛
編　者　鵜川美由紀
発行所　㈱北大路書房
〒603-8303　京都市北区紫野十二坊町12-8
電話（075）431-0361㈹
FAX（075）431-9393
振替　01050-4-2083

印刷・製本●創栄図書印刷㈱

ISBN978-4-7628-2518-7　Printed in Japan

笹倉　剛の本

子どもが変わり学級が変わる
感性を磨く「読み聞かせ」

●四六判・二二四頁・定価一九九五円

読書の足がかりとしての「読み聞かせ」の重要性と継続的な実践が子どもの想像力や自己判断力を培うことをとく。主に学校教育現場に焦点をあてた初の書。学校での実践報告も紹介。

心の扉をひらく本との出会い
子どもの豊かな読書環境をめざして

●四六判・二六〇頁・定価一九九五円

子どもにとって読書とは？　子どもが本とかかわることの意義と効用、映像文化との比較、子どもの読書環境の現状と今後の方向性について、厳選された参考図書と豊富な事例を挙げながらわかりやすく解説。

子どもの未来をひらく自由読書
関心をひきだす読書指導のコツ

●四六判・二四〇頁・定価一九九五円

朝の読書運動が学校現場で一定浸透したものの、子どもが自発的に読書を楽しむ自由読書が根づいているとはいいがたい。自由読書の具体的な実践方法を示しつつ、子どもにとって望ましい読書環境づくりを提案。

※価格はすべて定価（税込み）で表示しています。